VICTOR HUGO
AMOUREUX

Christine Clerc

ÉDITIONS RABELAIS

DU MÊME AUTEUR

Le Bonheur d'être Français, Grasset, 1982 (prix Albert-Londres)
Dimanche 16 mars, 20 heures, Belfond, 1985
***L'Arpeggione,* roman,** Flammarion, 1987
Chronique d'un septennat, Stock, 1988
La Guerre de Mitterrand : la dernière illusion (avec Josette Alia), Olivier Orban, 1991
Les Amants de Maastricht, Robert Laffont, 1992
Rendez-vous politiques, L'Archipel, 1992
Jacques, Edouard, Charles, Philippe et les autres, Albin Michel, 1994
Cent jours à l'hôpital, Plon, 1994
Journal intime de Jacques Chirac, tome 1, Albin Michel, 1995
Journal intime de Jacques Chirac, tome 2, Albin Michel, 1996
Journal intime de Jacques Chirac, tome 3, Exil à l'Élysée, Albin Michel, 1997
Journal intime de Jacques Chirac, tome 4, le Suicide, Albin Michel, 1998
***Bérénice,* roman,** Grasset, 2000
Les de Gaulle, une famille française, Nil Éditions, 2000
Lettre à un petit garçon, Plon, 2002
Le Bonheur d'être Français, tome 2, Plon, 2004
Tigres et tigresses, histoire intime des couples présidentiels, Plon, 2006
De Gaulle-Malraux, une histoire d'amour, Nil Éditions, 2008
Carnets intimes de Nicolas Sarkozy, Nil Éditions, 2009
Le Pape, la femme et l'éléphant, Flammarion, 2011
Les Conquérantes. Douze femmes à l'assaut du pouvoir, Nil Éditions, 2013
« Tout est fichu ! » Les coups de blues du Général, Albin Michel, 2014
Le Tombeur du Général, Allary Éditions, 2016.

En mémoire d'Alain Decaux
qui m'a fait aimer Victor Hugo

Portrait de Victor Hugo, 1829.

L'orpheline et le poète blessé

Portrait de
Juliette Drouet
(1806-1883),
actrice et
maîtresse de
Victor Hugo
par Charles Émile
Champmartin.

« JE SUIS NÉ AU BONHEUR DANS TES BRAS »

L*e 26 février 1802, je suis né à la vie, le 17 février 1833, je suis né au bonheur dans tes bras. La première date, ce n'est que la vie, la seconde, c'est l'amour. Aimer, c'est plus que vivre. »*

Cette missive de Victor Hugo à Juliette Drouet a été écrite en février 1835, deux ans après leur première nuit d'amour. Quarante-huit billets, également datés de février, vont lui succéder. Serrés dans ce que les deux amants appelleront *le Livre d'anniversaire*, ils s'ajouteront à des centaines, des milliers de lettres échangées au fil des années, alors que Victor et Juliette ne se quitteront jamais pour plus de quelques jours.

La plus belle est sans doute celle de la nuit du 17 février 1841 : *« T'en souviens-tu, ma bien-aimée ? Notre première nuit, c'était une nuit de carnaval, la nuit du Mardi gras de 1833. On donnait dans je ne sais quel théâtre je ne sais quel bal* [...] *Oui, tu devais aller au bal, et tu n'y*

Portrait de Victor Hugo par Gavarni, 1829.

allas pas, et tu m'attendis, pauvre ange que tu es de bonté et d'amour. Ta petite chambre était pleine d'un adorable silence. Au-dehors, nous entendions Paris rire et chanter... »*

Une scène de roman écrite pour elle seule de la part d'un écrivain déjà consacré comme le chef de file de l'école du romantisme ! Quelle femme ne rêverait d'un tel hommage ? Mais voici que le poète donne à sa belle une dimension presque métaphysique : « *N'oublie jamais, mon ange, cette heure mystérieuse qui a changé ta vie. Cette nuit du 17 février 1833 a été un symbole et comme une figure de la grande et solennelle chose qui s'accomplissait en toi. Cette nuit-là, tu as laissé au-dehors, loin de toi, le tumulte, le bruit, les faux éblouissements, la foule, pour entrer dans le mystère, dans la solitude et dans l'amour.* »

Pour lui en effet, Juliette n'a pas seulement renoncé au bal, mais aux scènes de théâtre sur lesquelles, jeune actrice, elle se produisait. Alors, ayant éprouvé son dévouement absolu et l'ayant initiée à son monde plein de mystères, le grand Victor Hugo fait don à « son ange » de cette incroyable promesse : « *Chacune de ces heures a déjà engendré une année. Pendant ces huit ans, mon cœur a été plein de toi et rien ne le changera...* »

Ils vivront l'un auprès de l'autre durant cinquante ans. Ensemble, quand ils ne se retrouveront pas dans un deux-pièces loué pour elle à Paris ou à Bruxelles, ou dans la petite maison de Guernesey, au pied de « Hauteville House » où s'établira la famille Hugo, ils voyageront en diligence et en bateau à vapeur à travers la France et l'Europe. Ils affronteront des orages, des épidémies, des émeutes, des révolutions, un long exil, une série de deuils familiaux, des heures sinistres et des heures de gloire inimaginables. Mais non sans tumultes intérieurs et sans trahisons.

dirai votre affreux secret
à tout le monde
dirai aussi comme quoi
moi qui ai fait votre
discours de réception:
messieurs et cher

Lettre de Juliette Drouet à Victor Hugo pour son élection à l'Académie française.

« JE SERAI CHATEAUBRIAND OU RIEN ! »

L'histoire de leur amour commence en 1833. Victor Hugo a trente ans. C'est un bel homme au grand front contemplatif sous les cheveux châtains bouclés à la mode romantique, au regard intense et à la bouche sensuelle. Marié dix ans plus tôt avec une amie d'enfance, Adèle Fouchet, fille de greffier, il est déjà célèbre : pour ses poèmes *les Orientales*, ses pièces de théâtre *Cromwell, Marion Delorme, Hernani* qui, toutes, ont fait scandale par leur ton révolutionnaire et la violence de sentiments de leurs personnages, mais aussi pour ses écrits politiques d'avant-garde comme *le Dernier jour d'un condamné* où il plaide pour l'abolition de la peine de mort.

De son père, Léopold – Sigisbert Hugo, simple soldat de la Révolution à 14 ans, promu général sous l'Empire pour ses faits d'armes en Espagne où il a défendu avec autant de brutalité que d'héroïsme le trône de Joseph Bonaparte, Victor, né à Besançon d'une mère catholique vendéenne, a hérité d'une constitution solide. De l'Espagne de son enfance, où il a été éduqué jusqu'à l'âge de dix ans au « collège des Nobles » à Madrid et où il a vu des condamnés à mort menés au gibet par des pénitents gris, il ne garde pas seulement un goût prononcé pour le style « grand d'Espagne » et des visions d'enfer et de sang à la Goya. Il a connu

Son père, *le Général Hugo* par Julie Duvidal de Montferrier.

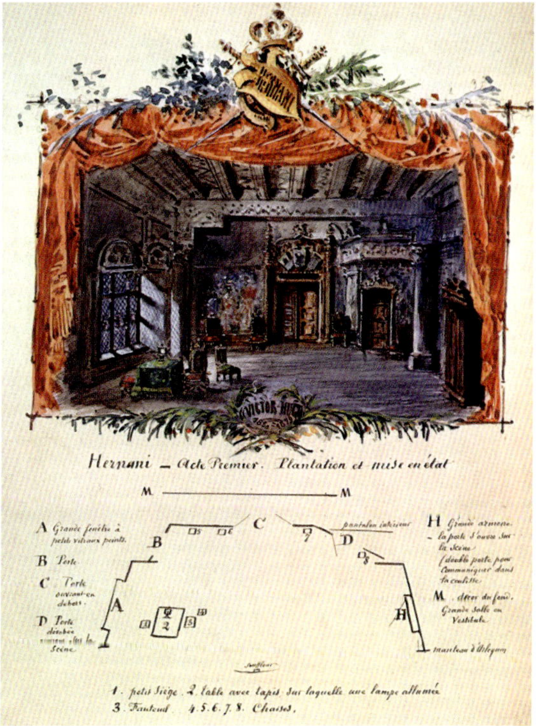

La première d'*Hernani*, gravure d'après caricature originale, 1830.

la douleur de voir ses parents se déchirer et finalement, se séparer. C'est peut-être pour cela que l'écrivain épique est aussi un méditatif, un observateur silencieux qu'on croirait parfois presque timide, comme il arrive souvent aux grands ambitieux.

À 15 ans, couronné par l'Académie des Jeux floraux de Toulouse pour ses premières « odes » et doté d'une bourse par le roi Louis XVIII, Victor s'écriait « *être Chateaubriand ou rien!* » Doué d'une prodigieuse capacité de travail et de création (il écrit ses drames en cinq actes en moins de trois mois), il est conscient de sa valeur, sinon de son génie, mais cependant

anxieux de connaître au théâtre le vrai succès populaire, durable, qu'il croit mériter. Et puis, c'est un homme blessé. Adèle, la jeune fille qu'il a aimée au point de l'attendre durant trois années de fiançailles chastes avant le mariage, l'épouse de 29 ans au maintien altier et à la poitrine généreuse sous ses décolletés de dentelle blanche, est lassée de ce mari trop lointain et trop présent à la fois : devenu un bourreau de travail, Victor ne lui accorde pas les longues soirées, les sorties dans le monde parisien et tout simplement les doux moments d'intimité et les conversations dont elle aurait rêvé, mais il lui fait toujours subir, à l'improviste, ses assauts sexuels répétés. Cinq enfants – l'aînée, une petite Léopoldine, est morte au bout de quelques semaines –, en dix ans de mariage ! Elle a fini par trouver une tendre complicité auprès de l'ami sans doute le plus proche de Victor, l'écrivain et critique littéraire Charles-Augustin Sainte-Beuve. Leur liaison dure depuis trois ans et, bien que Sainte-Beuve n'ait pas la réputation d'être un Don Juan, Victor en souffre dans son orgueil autant que dans sa chair.

« JE DEVIENDRAI ACTRICE… OU RESTERAI CENDRILLON »

Juliette, elle, a 26 ans et déjà une rude expérience de la vie. Inspirera-t-elle plus tard le personnage de Fantine ou celui de Cosette dans *les Misérables ?* Ayant perdu sa mère dès l'âge de neuf mois et son père, un ancien chouan devenu tailleur à Fougères (Bretagne) moins d'un an plus tard, l'orpheline, née Julienne-Joséphine Gauvain est d'abord recueillie, comme ses trois frères et sœurs, par des institutions charitables. Un oncle à la retraite, ancien lieutenant de canonniers gardes-côtes, accepte de l'accueillir à Paris : sa femme Françoise, une

Sa femme, *Adèle Foucher Hugo (1803-1868)* par Louis Boulanger, 1839.

dévote autoritaire sans enfants, se chargera de l'éducation de la petite. Mais Juliette a 10 ans lorsque Françoise la retrouve boulevard du Temple : échappée de l'église où elle devait aller à confesse, elle a folâtré d'une baraque de forains à l'autre et s'est arrêtée, attirée par les rires de la foule, au pied d'une scène de théâtre en plein air. Fini de rire ! La voilà pensionnaire au couvent des dames de Sainte-Madeleine. Une caserne, à cette différence près que la vie n'est pas rythmée par les appels du clairon, mais par le tintement de la cloche.

Réveil à cinq heures en hiver, à quatre heures en été, office, lectures pieuses, génuflexions, interdictions multiples – de bavarder au dortoir, de lever les yeux sur les religieuses, de courir, de rire, de se plaindre des punaises qui infestent les lits, du froid glacial en hiver, de la chaleur étouffante en été et même de la nourriture infecte qu'on doit absorber jusqu'à la dernière bouchée, tandis qu'une voix monocorde lit au réfectoire *l'Imitation de Jésus-Christ* ou *la Vie des saints*. Interdiction, même, pendant la promenade, de ramasser une pomme ou une poire tombée de l'arbre à moitié pourrie pour la dissimuler sous sa robe grise et la manger en cachette... Les punitions ? Le cachot, les coups de verge... ou l'obligation de s'allonger à plat ventre pour lécher le plancher en y dessinant des croix – au point, parfois, d'avoir la langue en sang.

Juliette a 15 ans. Les religieuses lui font changer son voile de mousseline blanche pour le voile noir des postulantes et elle se voit, terrifiée, au bord du gouffre, lorsqu'un sauveur se présente : Mgr de Quelen. Coadjuteur de l'archevêque de Paris, il est venu célébrer une messe au couvent. Dans le salon de l'abbesse, il reçoit l'une après l'autre les postulantes avant qu'elles ne prononcent leurs vœux solennels. Agenouillée devant le prélat « sur un oreiller

Juliette posera nue pour un sculpteur à la mode. *Marietta* par Camille Corot.

de tapisserie » (récit de Juliette Drouet à Victor Hugo, lettre du 23 février 1843 citée par Gérard Pouchain et Robert Sabourin dans *Juliette Drouet ou la dépaysée*, Fayard, 1992), Julienne confesse, en sanglotant, qu'elle préférerait mourir plutôt que de finir ses jours au couvent. Touché, le prélat, figure bienveillante dont on retrouvera quelques traits chez Mgr Miriel, le sauveur de Jean Valjean (*les Misérables,* 1862), la rassure : on ne la forcera pas à entrer dans les ordres. Quinze jours plus tard, elle franchit le portail du couvent. Libre ! Mais sans un sou et sans protection. Où aller ?

Une fois de plus, son oncle accepte de l'héberger. Mais pour subsister, la jeune fille va devoir travailler comme femme de ménage, couturière et garde d'enfants jusqu'au jour où, quatre ans plus tard, elle est remarquée par un sculpteur à la mode, James Pradier. Dans le Paris de la

Restauration, sous le règne de Charles X, la fête est de retour, en attendant une nouvelle Révolution. Pradier reçoit dans son atelier non seulement des peintres et leurs modèles, mais des musiciens, écrivains, femmes du monde et courtisanes. On joue, on danse, on se déguise. Juliette est subjuguée. Quand Pradier lui propose des séances de pose bien payées, notamment pour répondre à la commande d'une statue de la ville de Strasbourg qui trônera place de la Concorde, elle accepte avec fierté. Et quand il lui demande de se dénuder pour immortaliser dans le marbre blanc ses épaules rondes et sa taille fine, elle ne fait pas trop de manières : c'est une fille simple, souriante, aimante, et qui fait confiance, cette ravissante brune de 20 ans désormais appelée Julie.

La voilà donc bientôt enceinte. Le 12 novembre 1826, elle donne naissance à une fille, Claire, que Pradier finira par reconnaître. En attendant, la jeune mère place le bébé en nourrice près de Mantes. Elle envisage une autre carrière.

Après une brève liaison désastreuse avec un médecin poursuivi par la justice pour ses dettes, elle rêve à présent de devenir comédienne. Pradier l'y encourage : avec son « *talent naturel* », lui prédit-il, elle connaîtra un rapide succès. À condition de vaincre sa timidité. Son ancien protecteur l'incite à suivre des leçons de maintien et d'élocution. Puis, il la recommande à des amis à Bruxelles. Le 7 décembre 1828, « Mademoiselle Juliette » fait ses débuts sur scène au théâtre du Parc, où elle joue le rôle d'une pupille de 17 ans amoureuse de son tuteur.

La critique salue « *une jolie figure, des yeux pleins de charme et des inflexions qui viennent de l'âme* ». Mais les pièces suivantes sont autant d'échecs « *Mlle Juliette a perdu sa grâce et sa vivacité* ». On lui promet même des sifflets! Elle n'a plus qu'une idée : remonter dans la diligence pour Paris.

L'entrée du théâtre de l'Ambigu-Comique avant un spectacle gratuit,
par Louis Léopold Boilly, 1819.

« VOUS AVEZ TOUJOURS L'AMOUR À LA BOUCHE ! »

C'est là, dans les coulisses du théâtre de la Porte-Saint-Martin, qu'elle va rencontrer l'amour de sa vie, Hugo. Non sans avoir connu encore bien des déboires. Ayant réussi à se faire engager au théâtre du Vaudeville, Juliette enchaîne, avec des succès variables, mélodrames et comédies de boulevard. Certains critiques, comme Alphonse Karr, du *Figaro*, à qui elle se donnera par reconnaissance (et auquel elle prêtera même de l'argent sans espoir d'être jamais remboursée !) sont touchés par *« son charme, sa sensibilité et sa grâce »*. Mais d'autres jugent cruellement son jeu *« pathétique dans une sorte d'essoufflement factice... »* (Henri Troyat, *Juliette Drouet*, Flammarion, 1997) Juliette se console dans les bras d'un fidèle admirateur italien, Simone Luigi Peruzzi, ambassadeur de Toscane à Paris. Non content d'applaudir tous ses spectacles, celui-ci la sort dans tous les lieux huppés à la mode : le Café Tortoni, le Café anglais, les réceptions des ambassadeurs d'Angleterre et d'Autriche... avant de l'emmener passer quelques mois dans son palais à Florence.

Mais un prince n'épouse pas une bergère, un aristocrate ou un grand bourgeois n'épouse pas une comédienne, réputée *« de mœurs dissolues »*. D'ailleurs, l'Italie est agitée à son tour de troubles révolutionnaires. Il est temps de regagner la France : après les Trois Glorieuses révolutionnaires de juillet 1830 et l'arrivée au pouvoir de Louis-Philippe d'Orléans, le calme y semble revenu, même si la vie culturelle y est particulièrement agitée. En tout cas, Juliette doit assurer son avenir et celui de sa petite Claire. Quand elle regagne, fin 1832, la capitale, le nom de Victor Hugo est sur toutes les lèvres. Bientôt chanté en italien à l'Opéra de Venise sous le titre *Rigoletto* de Verdi, son drame *le Roi s'amuse* a été interdit par le gouvernement français le lendemain même de sa première représentation à la Comédie-Française : au prétexte que quelques répliques en seraient « *immorales* ». Aussitôt, en onze jours, l'écrivain a réussi le tour de force d'en écrire un autre, *Lucrèce Borgia*, qui sera joué à la Porte-Saint-Martin ! Une lecture doit en être donnée, par l'auteur en personne et devant tous les acteurs, le 2 janvier 1833.

« J'AI BESOIN DE VOUS PARLER »

Quand Juliette découvre Victor Hugo assis au milieu du cercle, son manuscrit entre les mains, elle note qu'il porte une redingote couleur tabac d'Espagne et des pantalons gris à sous-pied, mais elle est surtout impressionnée par son front démesuré, son visage pâle et nerveux, et sa voix grave qui lui donne des frissons. Mlle George, la célèbre actrice, promise, à 50 ans, au rôle de Lucrèce, l'amoureuse aux passions meurtrières, se lève la première pour applaudir. Juliette attend, pétrifiée, la distribution des rôles. Lorsque le directeur du théâtre annonce qu'elle jouera la princesse Negroni, elle se lève et rentre chez elle, outrée : quoi ? Neuf répliques seulement, et au dernier acte ? Puis elle se ravise : « *Il n'y a pas de petit rôle dans une pièce de M. Victor Hugo.* » Les répétitions commencent. Hugo se montre à peine aimable. « *Car le baril de poudre a peur de l'étincelle...* », écrira-t-il. On dirait en effet qu'il a peur de lui adresser la parole. Mais dès que Juliette entre en scène, il la dévore des yeux. Cela donne des ailes à la jeune actrice pour lancer « – *Mon Dieu ! Qu'est-ce donc qui remplit le cœur ?* » et répliquer à son partenaire, le comte Maffio Orsini, qui soupire « – *L'amour !* » « – *Vous avez toujours l'amour à la bouche !* » Et quand Orsini enchaîne « – *Et vous, dans les yeux !* » Juliette jette un regard furtif vers la salle et croit voir, au premier rang, l'auteur la couvre d'un regard amoureux.

La pièce est un triomphe. Lorsqu'elle apparaît dans sa robe « *de satin ponceau aux manches à la coupole doublées de satin blanc* », ses longs cheveux en torsades enserrés dans une coiffe de perles et de plumes, Juliette suscite un murmure admiratif. Dans la préface qu'il rédige pour l'édition de *Lucrèce Borgia*, Hugo la distingue : « *On ne peut guère dire que la princesse Négroni soit un rôle,* convient-il. *C'est en quelque sorte une apparition. Une figure belle, jeune et fatale qui passe... Mlle Juliette a jeté sur cette figure un éclat extraordinaire. Elle n'avait que peu de mots à dire, elle y a mis beaucoup de pensée. Il ne faut à cette jeune actrice qu'une occasion pour révéler puissamment un talent plein d'âme, de passion et de vérité...* »

Enfin un homme qui ne s'intéresse pas qu'à son physique, mais à son « âme » — un homme à qui se confier et demander conseil. Transportée, Juliette lui fait parvenir un billet : « *Pouvez-vous me consacrer un moment, ce soir après dix heures ? J'ai besoin de vous parler.* » Victor se rend à la convocation. On devine qu'ils échangent là de premiers baisers et commencent à se tutoyer, puisque, le 16 février au matin, Juliette, désormais tout à fait à l'aise, lui écrit : « *Monsieur Victor, viens me chercher ce soir... Oh ! Ce soir, ce sera tout ! Je me donnerai à toi tout entière !* » Victor accourt, grimpe les marches qui mènent à la petite chambre. Dehors, c'est Mardi gras, on entend des rires, des flonflons, des chansons, et des pétards dont l'éclat illumine soudain la fenêtre mansardée. Dans la petite chambre où leurs corps se mêlent et se réchauffent l'un à l'autre, Juliette enseigne à Victor des voluptés inconnues. Il sera son « *Toto* », elle sera sa « *Juju* ». « *Cette nuit-là,* lui écrira-t-il, *nos âmes se sont soudées. Cette nuit-là, il y a eu en moi un être nouveau : toi.* » Et elle : « *Je baise tes yeux, tes pieds et le reste. Je suis à tes genoux. Je t'adore.* »

Au théâtre par Honoré Daumier, 1860.

Premiers chagrins de Juliette

Portrait de Juliette Drouet, actrice et maîtresse de Victor Hugo par Charles Émile Champmartin.

« OH ! N'INSULTEZ JAMAIS UNE FEMME QUI TOMBE ! »

Amoureux ! Jamais Hugo n'avait senti une telle sève monter en lui. En ce printemps 1833, il continue de s'engager avec passion dans un combat pour les libertés et de grandes réformes sociales. Déçu par le régime faussement débonnaire instauré en 1830 par le règne de Louis-Philippe, il se voit en nouveau Mirabeau, le grand orateur révolutionnaire, lorsqu'il plaide devant le Tribunal contre l'interdiction qui frappe sa pièce *le Roi s'amuse* : *« Cet édifice qu'avait improvisé la révolution de juillet, il* (l'actuel gouvernement) *le mine lentement, souterrainement, sourdement, obliquement, tortueusement... »* À côté du « bon roi » Louis-Philippe, que les partisans du poète conspuent sous le sobriquet de *« Poulot »*, comme Napoléon Ier lui paraît grand ! *« Bonaparte, quand il fut consul et quand il fut empereur, voulut aussi le despotisme. Mais il fit autrement. Il n'employa aucune des misérables petites précautions avec lesquelles on escamote aujourd'hui une à une toutes nos libertés... Alors, Messieurs, c'était grand ! Aujourd'hui, c'est petit. »*. L'adjectif va resservir. Après s'être finalement rallié à Louis-Philippe, Hugo l'emploiera comme une arme terrible contre son successeur, Napoléon III.

Portrait de Victor Hugo par Louis Boulanger, 1833.

Cependant, il s'apprête à entamer l'écriture d'une nouvelle pièce, *Marie Tudor*, quand le directeur du théâtre de la Porte-Saint-Martin lui annonce une recette record pour sa *Lucrèce Borgia*. Le voilà enfin – presque – libéré de ses problèmes d'argent ! Riche, aimé du public qui se presse à la porte du théâtre pour l'applaudir à la sortie du spectacle, et comblé de compliments et de caresses par une jeune femme sensuelle et généreuse qui ne pense qu'à lui donner toujours plus de plaisir et de bonheur.

L'après-midi, le soir, les amants se retrouvent dans la petite chambre de Juliette. À midi, avec une insouciance qu'ils n'ont pas connue à 17 ans, ils partent se promener. Ils prennent un fiacre pour aller déjeuner sur l'herbe dans une clairière de la forêt de Saint-Germain-en-Laye, ils vont à Montmartre boire un bock de bière sous les tilleuls, à la terrasse d'un café. Victor demande une feuille de papier pour écrire à Juliette ces quelques vers :

Comme tous les romantiques, Hugo est fasciné par la légende de l'Empereur. *La Bataille d'Iéna le 14 octobre 1806*, par Émile Jean Horace Vernet, 1836.

« Elle me regarda de ce regard suprême,
Qui reste à la beauté quand nous en triomphons,
Et je lui dis : "Veux-tu, c'est le mois où l'on aime,
Veux-tu nous en aller sous les arbres profonds ?" » (Victor Hugo, *les Contemplations,* Livre premier, XXI).

Une autre fois, ils dînent dans une auberge d'Enghien-les-Bains, et Victor trouve sur son assiette un billet soigneusement plié. C'est une *« reconnaissance de dette »* signée de Juliette : *« Je reconnais avoir reçu de M. Victor Hugo beaucoup d'amour, beaucoup de bonheur et beaucoup de dévouement que je m'engage à lui payer à vue. »*

Ému, il retourne le papier pour répondre : *« Si jamais amour a été complet, tendre, brûlant, inépuisable, infini, c'est le mien ! »* Parfois, car Juliette excelle à varier les styles pour entretenir le désir de son amant, les déclarations qu'elle lui fait porter imprudemment par sa bonne sont bien plus exaltées, à moins que les mots ne soient plus crus *« Mon Victor, mon amour mon ange* [...] *Je t'aime, je ne serai jamais qu'à toi, je te le jure ; toi aussi, n'est-ce pas, tu ne me tromperais pas, tu me le dirais si tu ne pouvais pas me garder fidélité entière. Je t'aime tant avec cette idée que je suis ta femme – ta seule femme – en amour. Je baise tes yeux, tes pieds et le reste. Je suis à tes genoux. Je t'adore. »* (Juliette Drouet *Lettres à Victor Hugo,* Fayard, 2001) Et lui : *« Il faut se baiser sur la bouche, sur les yeux et ailleurs. »*

« JE VOUDRAIS MOURIR UNE BONNE FOIS »

Mais parfois aussi, le ton de la jeune femme d'apparence frivole devient grave, presque désespéré : *« Je rentre bien triste et bien découragée de tout. Je souffre, je pleure, je me plains tout haut, tout bas, à Dieu, à toi, et je voudrais mourir une bonne fois pour en finir avec toutes les misères, toutes les déceptions, toutes les douleurs... On dirait vraiment que mon bonheur s'est envolé avec les beaux jours...* » Dans ces moments-là, elle se révolte contre Victor lui-même : « *Pauvre fou qui t'étonnes de me voir regretter si amèrement une journée de bonheur, on voit bien que tu n'as pas attendu le bonheur d'aimer et d'être aimé jusqu'à vingt-six ans...* »

C'est un dimanche après-midi. Dans le petit appartement qu'il lui a loué rue des Tournelles, juste à côté de chez lui, elle a attendu son « adoré » et il n'est pas venu. Alors, elle l'imagine dans les bras d'une femme du monde, lui qui commence à fréquenter les salons. Ou tout simplement dans le bel et vaste appartement où il vient d'emménager place Royale – aujourd'hui place des Vosges – pour y vivre plus confortablement avec Adèle et leurs quatre enfants. C'est lui qui l'a aménagé dans un goût à la fois oriental et « médiéval », lui a-t-il décrit, avec force vitraux, porcelaines, meubles de bois sombre, statues de bronze et tapis glanés chez les antiquaires. Un matin d'août, la famille Hugo étant en vacances à la campagne près de Jouy-en-Josas, dans la propriété du directeur du *Journal des Débats*, son ami Louis Bertin, Victor, tout fier de lui montrer ses acquisitions, entraîne Juliette place Royale. Ainsi pourra-t-elle, à tout instant, l'imaginer : écrivant dans son bureau, dînant dans la salle à manger en famille, et pourquoi pas dormant dans la chambre conjugale au grand lit à baldaquin, où trône un portrait de la maîtresse de maison, Adèle, épouse « légitime ». Singulier manque de tact de la part d'un poète si sensible ! Le lendemain, 13 août 1833, Juliette lui écrit cette lettre poignante : « *Savez-vous que vous êtes bien charmant de m'avoir ouvert les portes de chez vous, c'était plus que de la curiosité satisfaite pour moi et je vous remercie de m'avoir fait connaître*

Liszt au piano par Josef Danhauser, 1840. On reconnaît, de gauche à droite : Alexandre Dumas, Victor Hugo, George Sand, Paganini, Rossini et Marie d'Agoult.

l'endroit où vous vivez, où vous aimez et où vous pensez. Mais, pour être sincère avec vous, mon cher adoré, je vous dirai que j'ai rapporté de cette visite une tristesse et un découragement affreux. Je sens bien plus qu'avant combien je suis séparée de vous et à quel point je vous suis une étrangère. Ce n'est pas de votre faute, mon pauvre bien-aimé, ce n'est pas de la mienne non plus; mais c'est comme cela; il ne serait pas sensé que je vous attribue dans mon malheur plus de part que vous n'y avez, mais je ne puis sans cela, mon cher bien-aimé, vous dire que je me trouve la plus misérable des femmes. » (cité par Alain Decaux, *Victor Hugo,* Perrin, 2001).

Avait-elle espéré devenir un jour sa femme – bien que le divorce, institué sous la Révolution en 1792, ait été aboli en 1816 sous Louis XVIII et ses successeurs ? Se voyait-elle mener, en

Grand chemin de la posterité : Victor Hugo, Théophile Gautier, Cassagnac, Francis Wey, Alphonse Lamartine, Paul Foucher, Eugène Sue, Alexandre Dumas, Soulié, Honoré de Balzac, Alfred de Vigny, Gozlan, Viennet, G. et C. Delavigne, Méry, Monsieur et Madame Ancelot, A. Karr, Scribe, Mélesville, Bayard, Carmouche, Dupin, Rozico, Lauzanne, Duvert, Masson, P. de Kock, Rochefort, Du Mersan, Varin dit *Musard, Marié, G. Planche, Rolle, Guinot* (Pierre Durand), *Brifaut, Alb. Clerc, Desnoyers, Albéric Second, H. Lucas, Altaroche et Viardot.*
Gravure satirique de Benjamin Roubaud, dit Benjamin.

parallèle à l'éblouissante ascension de son « bien-aimé grand homme », une carrière d'actrice à la mode, capable de rivaliser avec des stars comme Mlle Dorval, Mlle George ou Mlle Mars ? Rêvait-elle tout simplement de *« liberté, égalité, fraternité »* – ces trois mots que l'on n'arrête pas de scander dans les théâtres où l'on joue Victor Hugo, comme on y chante *La Marseillaise ?* Une à une, ses illusions vont s'envoler. Sa carrière de comédienne ? Gravement compromise. Son amour ? Victor se montre à la fois moins disponible et moins ardent. Et s'il la trompait ? Juliette souffre, elle résiste, puis s'avoue vaincue, mais ne cesse d'implorer son « adoré » : une nuit d'amour, une heure d'amour, un baiser ! Quand elle est à bout, elle lui reproche vivement – et injustement – *« Tu m'abandonnes ! »* Ou bien, telles ces filles de joie auxquelles l'amant jaloux a osé la comparer un soir de dispute, elle tente, pathétique, de l'exciter : *« Je baise tout ce qu'enveloppe votre pantalon collant. J'y colle mes lèvres… »*

« LA GAZELLE CONTRE LA PANTHÈRE »

Après son demi-échec dans le rôle de la princesse Négroni, personnage secondaire de *Lucrèce Borgia,* Juliette remonte sur les planches pour jouer sa partition habituelle de jeune fille attendrissante dans des mélos dont les auteurs seront vite oubliés. Elle espère beaucoup mieux, puisque Victor, qui achève l'écriture de *Marie Tudor,* a quasiment exigé du directeur du théâtre de la Porte-Saint-Martin qu'il lui confie, non le rôle de la reine d'Angleterre qui revient à Mlle George, mais celui de Jane, la douce orpheline. C'était compter sans la cabale des bien-pensants, la jalousie de comédiennes rivales comme Ida Ferrier, la maîtresse d'Alexandre Dumas, et la bassesse de colporteurs de ragots qui reprochent au poète, dans des romans à clé où le nom des amants est à peine travesti, d'avoir « *dédaigné l'épouse chaste et belle* » pour choisir « *la courtisane impure au souffle revendu* »... Arrive, en octobre, le temps des répétitions. Juliette, déjà paniquée de devoir affronter en scène la « reine » Dorval, n'entend dans son dos que chuchotements et sarcasmes. Elle n'en dort plus. « *Ces gens m'ont ôté la confiance en moi. Je suis paralysée.* » Le jour de la première, fixée au 6 novembre, elle est dans un tel état que le directeur du théâtre décide de reporter la représentation. Le lendemain soir, c'est pire : avant même le lever du rideau, les partisans de Hugo provoquent ses adversaires en braillant *La Marseillaise*. Le calme se fait enfin lorsque le rideau se lève sur un décor fantastique représentant la tour de Londres dans la brume et la nuit. Mais au troisième acte, c'est un déchaînement de cris et sifflets. Mlle Dorval, véritablement royale, continue de déclamer son texte. Juliette, elle, perd tous ses moyens. Après l'avoir ramenée chez elle tremblante, Victor lui écrit cette lettre destinée à être montrée : « *Vous n'avez pas cessé un seul instant d'avoir l'accent vrai, l'accent passionné, l'accent pathétique. Ceux qui n'écoutaient pas se plaignaient de n'avoir pas entendu. Laissez-les dire. Vous avez été belle, touchante* [...] *Tout ce que vous avez dit, vous l'avez dit sans perdre un instant le sentiment délicat des nuances... Vous avez dignement tenu tête à la reine... Jane contre Marie, c'est la gazelle contre la panthère...* »

Mais c'est le mot cruel du chroniqueur du *Courrier des théâtres* que l'on retiendra : « *La tête sans cesse baissée, elle avait l'air de chercher une épingle tombée de son joli costume.* »

Juliette ne le sait pas encore, mais le théâtre, c'est presque fini pour elle. Le lendemain, c'est Ida Ferrier qui jouera son rôle. Hugo a cédé :

Marie Dorval dans le rôle de Marion de Lorme par Achille Devéria.

il voit bien que sa maîtresse est incapable de surmonter son trac et que cela dessert son œuvre. Et puis, ses apparitions trop fréquentes à ses côtés pourraient aussi desservir ses ambitions… *« Tu as été remarquée,* lui écrit-il un matin. *Ne viens pas… »* Juliette ne se résigne pas à n'être plus que sa petite pauvre, *« l'ombre de son ombre ».* Elle proteste, elle ferme sa porte, elle écrit : *« Adieu pour jamais »,* elle fugue.

Les Hugo passaient régulièrement leurs vacances chez le directeur de l'influent « Journal des débats ». *Louis-Francois Bertin* par Jean Auguste Dominique Ingres, 1832.

En juillet 1834, elle est condamnée par un tribunal à rembourser les dettes accumulées depuis quelques années – 20 000 francs empruntés pour payer la pension de Claire et l'entretien de son deux-pièces, ainsi que les gages de sa bonne et les achats de robes et chapeaux pour paraître en scène ou dans une loge d'invités – sans oublier les prêts, jamais remboursés, que, trop crédule, elle a consentis à Alphonse Karr, son adorateur du *Figaro.* Elle doit s'avouer *« bien misérable ».* Victor est furieux. Lui, qui a travaillé des nuits entières pour gagner de quoi l'aider ! Elle n'est décidément qu'une tête légère, une coquette !

Blessée au fond de l'âme, Juliette quitte Paris. Elle va trouver refuge auprès de sa sœur, à Brest, non sans être passée à Saumur pour y prendre sa petite Claire, si pâlotte et maigrichonne, à qui l'air vif de la Bretagne devrait faire du bien. Mais son silence ne dure pas : *« Victor je t'aime, je me meurs loin de toi,* lui écrit-elle. *Il me semble qu'on m'a ouvert toutes les veines et que ma vie s'en va... Oh, si tu m'aimes encore, si tu peux tout me pardonner, dis-le, et je ferai tout ce que tu voudras, je ferai tout, mon Dieu! Dis, veux-tu encore de moi?* » Fou d'angoisse, Victor n'attendait que ces mots-là. Il s'est démené, il est allé voir Pradier, le père de la petite Claire, qui fera son devoir. Quant à lui, il a « *ramassé 1 000 francs avec les ongles* ». À 6 heures du matin le lendemain, il monte dans la malle-poste pour Brest. À l'aube du surlendemain, Juliette accueille un voyageur livide, épuisé, à la station des Messageries de Bretagne. Ils s'étreignent. Tout recommence. En fin d'après-midi, le ciel entrevu par la fenêtre de la chambre est bleu et rose. Le vent d'ouest a balayé les nuages. « *Ici,* écrit Victor, *notre union s'est scellée dans une promesse solennelle. Ici, nos deux vies se sont scellées à jamais* [...] *J'écris ceci pendant le crépuscule de ce beau jour. Pour notre amour, Juliette, il n'y aura pas de crépuscule.* »

ADIEU, BIJOUX, CHAPEAUX... ET BOIS DANS LA CHEMINÉE!

Avant de regagner Paris, ils font l'école buissonnière : Carnac, Vannes, Tours, Orléans... Partout, à la demande de Victor, Juliette prend des notes : elle décrit les églises visitées, à demi en ruine si elles n'ont pas été pillées et incendiées pendant la Révolution, évoque les mauvais bouillons absorbés au milieu de la nuit dans des auberges de passage en attendant la diligence, s'émeut de l'état déplorable des chevaux de Poste et de celui, plus grave encore, des enfants malades ou infirmes montés en chemin. Tableau d'une France des misérables... Au retour, ils s'arrêtent au château des Roches, chez les Bertin. Victor y retrouve sa famille, tandis que Juliette s'installe avec Claire dans une chambre mansardée louée à quatre kilomètres de là. En fin d'après-midi, elle revêt sa robe de coton rose et blanc et se coiffe d'une capeline en paille d'Italie pour se rendre à leur rendez-vous quotidien. Quand il a bien travaillé, causé avec ses amis et joué avec ses enfants, Victor la retrouve au pied d'un châtaigner au tronc creux dans lequel ils se laissent des mots d'amour.

Mais il faut bien rentrer. La vie qui attend désormais Juliette à Paris est une vie quasi monacale : Victor règlera ses dépenses, dont elle s'engage à lui tenir le compte précis chaque mois – bois pour faire des feux dans la cheminée, rôti de bœuf, vin rouge, fraises et crème fraîche quand il vient déjeuner... Mais régime sec quand elle est seule : un œuf, un verre de lait, un fruit et un morceau de pain. Par économie, elle se prive aussi d'allumer un feu et, pour ne pas avoir les doigts gelés, s'enfonce sous les couvertures pour recopier avec application les brouillons de Victor.

Finis, les bijoux, les chapeaux excentriques, les robes neuves : il est temps de se souvenir qu'elle a appris chez les religieuses à raccommoder. Ainsi, et comme y insiste Victor, elle n'aura plus à sortir seule en ville, sauf pour assister dans une loge à la première – le 28 avril 1835 – de *Angelo, tyran de Padoue,* où elle applaudira docilement Marie Dorval avant de crier *« Bravo, bravo, bravo ! »* à l'auteur comblé. Est-il satisfait de la tenir ainsi, complètement, sous tutelle ? Et elle ? Elle qui aurait préféré mourir que rester au couvent ? Elle vient d'avoir 29 ans. En se regardant dans son miroir, elle se trouve moins fraîche et croit même se découvrir des cheveux gris.

« Vois-tu mon Victor, cette vie d'isolement, cette vie sédentaire me tue. J'use mon âme à te désirer, j'use ma vie dans une chambre de douze pieds carrés. Ce que je veux, ce n'est ni le monde ni de stupides plaisirs, mais la liberté ! La liberté d'agir, la liberté d'occuper mon temps... Je te demande la vie, la vie comme toi, comme tout le monde, enfin ! »

Six personnages de Victor-Marie Hugo par Louis Boulanger.

On croirait lire une tirade de Victor Hugo le républicain. Est-il un monstre d'égoïsme, un ogre qui dévore ses proches, ce grand défenseur du peuple ? Non. Il est sensible aux cris de douleur et d'amour frustré de sa maîtresse, même s'il pourrait s'en lasser. Il l'aime à sa façon : tantôt vorace, tantôt pressé ou distrait, mais finalement plus respectueux et délicat que ne le sont la plupart des bourgeois de son époque avec leurs favorites. Il a envers elle de vrais élans de tendresse. Certes, il se rend moins souvent chez Juliette pour lui faire l'amour, et elle s'en plaint, mais ses succès d'écrivain et bientôt d'homme politique lui laissent-ils seulement le temps de dormir ? En tout cas, Victor prend toujours celui d'écrire des lettres que des générations de femmes découvriront avec émerveillement et envie. Celle-ci, par exemple, datée du 27 avril 1836 : « *Je t'écris du milieu de mon travail, ma bien-aimée. Qu'à défaut de moi, cette lettre, du moins, soit près de toi… Je voudrais t'avoir là, dans mes bras, oublier tout, jusqu'au mauvais sort dont les broussailles nous déchirent quelquefois, tout mon ange, excepté toi, ma vie, ma joie, ma lumière !... Je sais mille choses de toi qui t'élèvent au-dessus des anges… Je te caresserai tant que tu l'oublieras* (ton chagrin) » (Victor Hugo, *Lettres à Juliette Drouet*, Fayard, 1964, 2001).

UN BÉBÉ EN RÊVE

Cette année-là, Juliette, si éprise de liberté, a espéré être enceinte. Un fils de son « adoré » ! « *Tu ne sais pas le bonheur que cet autre petit toi répandrait dans ma vie,* écrit-elle au grand "Toto". *Tu ne sais pas quelle joie, quelle félicité j'aurais en ayant un petit double de toi qui m'appartiendrait en toute propriété !* » Mais non. Elle s'est raconté des histoires. Elle n'aura pas d'enfant de lui, personne sur qui déverser son trop-plein d'amour, personne auprès de qui se consoler de trop d'absences. Pourtant, Victor ne la quittera pas. L'été venu, avant d'entamer un voyage en Normandie, où ils découvriront les falaises d'Étretat et les vagues énormes qui inspireront à Victor ses eaux-fortes dantesques, ils retrouvent en Île-de-France leurs rituels rendez-vous champêtres près de la boîte aux lettres secrète au cœur du châtaigner.

Un soir, Juliette y découvre cet étrange poème qui lui dit la compassion sincère de Victor Hugo envers les femmes seules, abandonnées, qui ont dû se battre comme elle pour survivre :

« Oh! N'insultez jamais une femme qui tombe!
Qui sait sous quel fardeau la pauvre âme succombe!
Qui sait combien de jours sa faim a combattu!
Quand le vent de malheur ébranlait leur vertu,
Qui de nous n'a pas vu de ces femmes brisées
S'y cramponner longtemps de leurs mains épuisées. »

Quelle affreuse image lui renvoient ces femmes vieillies, brisées et qui se cramponnent, tels les naufragés du *Radeau de la Méduse!* (célèbre tableau de Géricault, peint en 1818). Mais quelle femme serait assez bête et vaniteuse pour n'être pas fière de se voir l'objet de pareils couplets d'un poète de génie? Juliette rêvait d'être son épouse, elle sera à la fois la muse et l'humble servante du seigneur.

Encouragé par Lamartine, Victor Hugo songe à se présenter aux suffrages de ses concitoyens pour être élu député. En attendant, il fait campagne pour entrer à l'Académie française. Interminable campagne : quatre fois, le siège espéré lui échappe, quatre fois il reprend sa tournée de ces Messieurs de l'Académie dont aucun ne lui arrive à la cheville, à l'exception du grand Chateaubriand qui l'accueille ainsi :

« Je vous attendais, Monsieur. Vous avez raison de vous présenter à l'Académie. C'est une bêtise, mais tous les hommes de génie l'ont faite. Racine et Corneille ont été de l'Académie. Il ne faut pas leur donner un démenti » (cité par Alain Decaux, *Victor Hugo,* Perrin, 2001). Convaincue néanmoins qu'il va au-devant d'amères déceptions, Juliette a d'abord tenté de dissuader son Victor de s'abaisser à mendier des voix. Mais en vain. Alors, elle s'est acheté une petite chaufferette pour garder les pieds au chaud quand elle l'accompagne en fiacre et l'attend à la porte des « Immortels ».

Les deux amants se promènent sur les falaises d'Étretat. *Tempête à Étretat,* 1851 par Isabey.

Tant de soumission et de fidélité l'émeuvent, de même que le chagrin exprimé par Juliette lorsqu'elle a compris que tout espoir de jouer dans une nouvelle pièce signée de Victor Hugo était perdu. « *Je suis démoralisée,* confie-t-elle (lettre du 4 septembre 1838) *au point de ne pas oser jouer dans la pièce de n'importe qui un rôle de n'importe quoi... Mon Dieu, qu'est-ce que je deviendrai?* » Victor vient de perdre son frère Eugène. Hanté par la mort, il devine qu'elle y pense aussi. Certes, il lui donne encore des preuves de son amour et elle s'en émerveille : « *Oui, vous m'avez baisée neuf fois, c'est énorme! Oui, vous êtes mon petit blagueur ravissant et que j'aime et que j'adore!* » s'exclame-t-elle au sortir du lit, un samedi de septembre 1838 à trois heures de l'après-midi. Mais que deviendrait-elle s'il la quittait? Et que deviendrait sa petite Claire?

UN MARIAGE MYSTIQUE... ET UN FLAGRANT DÉLIT

Une nuit de novembre 1839, de passage à Lyon, les deux amants ont enfin une longue conversation à cœur ouvert. Ils décident de célébrer entre eux un « *mariage mystique* » : Juliette s'engage à renoncer à son métier d'actrice. En échange, Victor promet de continuer à l'entretenir. Il ne l'abandonnera jamais. Il n'abandonnera pas non plus la petite Claire. Le lendemain, Victor et elle vont dans un magasin de soieries acheter pour Juliette une robe gris perle. Méthodique, le grand poète note dans son petit carnet « *Lyon, R. 70 francs* ». Juliette, elle, est au paradis : « *Puisses-tu, mon adoré, ne jamais te repentir de ce que tu as fait cette nuit! Puisses-tu être heureux! Désormais, c'est tout mon souci, toute mon ambition, toute ma gloire et tout mon bonheur. Que ta générosité ne soit jamais pour toi un fardeau ni un devoir, mais de la joie et de la sécurité… Pour que rien ne manquât à notre mariage, j'ai eu toutes les émotions d'un premier jour : bonheur ineffable, extase du ciel, insomnie, étonnement… Enfin, mon pauvre adoré, au mari près, ce qui est peu de choses, ma prière et mon lever de ce matin ont été ceux d'une nouvelle mariée* », écrit-elle le 18 novembre à dix heures du matin. Et l'après-midi, à dix-sept heures, en attendant le retour de Victor : « *Je suis prête, mon bijou, et en l'honneur de notre mariage, j'ai mis la belle robe neuve de Lyon.* […]. *Je suis si heureuse, si joyeuse, si amoureuse que c'est à faire envie au Bon Dieu!* »

Une nouvelle ère commence. Pendant deux ou trois ans, Victor l'emmène quelques semaines, l'été, en voyage à travers la France et jusqu'en

Le cortège entrant place de la Concorde. *Retour des cendres de Napoléon Ier en 1840.*

Espagne, où elle ne cesse de prendre des notes à sa demande. À Paris, elle assiste à ses côtés, le 15 août 1840, au retour des cendres de Napoléon aux Invalides. Comme une modeste « partie rapportée » de la famille Hugo, elle suit avec une sincère affection la vie familiale de Victor, s'informant des maladies, des joies et des succès de ses enfants et même de la santé de sa « chère épouse ». Elle compatit de tout son cœur à la douleur du père lorsque son aînée bien aimée, Léopoldine, se marie en 1842 et à son désespoir lorsque la jeune mariée meurt noyée en 1843.

Mais elle est toujours inquiète pour la survie de leur couple : élevé par le roi Louis-Philippe au rang de pair de France et flatté par son fils le duc d'Orléans et sa femme, qu'il reçoit à dîner à grands frais place Royale, le poète n'est-il pas emporté par le tourbillon de ses nouvelles vies mondaine et politique ? « *Tu me vois maintenant telle que je suis,* lui écrit-elle : *une femme sans éducation, sans esprit, dont l'amour t'importune et que ton exquise délicatesse te fait garder en l'excluant le plus que tu peux de ton intimité.* » Elle aura bientôt 40 ans. Lui, 43. Serait-ce déjà l'usure de l'âge ? Les conquêtes féminines ? Au fil des années 1844 et 1845, les visites de Victor s'espacent. Juliette le trouve étrangement soucieux. Elle lui dit qu'elle ne « *supporterait pas une trahison* » mais elle veut mettre cette

évolution sur le compte du « surmenage » comme on dirait aujourd'hui. Un samedi matin, alors qu'il est passé la voir furtivement dans la nuit, elle lui écrit : *« Bonjour, mon Toto bien aimé, mon adoré petit Toto, bonjour mon cher amour. Comment vas-tu aujourd'hui ? M'aimes-tu ? Tu es resté bien peu de temps cette nuit. C'est que tu n'auras pas pu rester davantage, mon Toto, car tu paraissais bien préoccupé. »*

C'est le samedi 5 juillet 1845.

Inquiète pour sa santé, elle lui prépare une tisane pour sa prochaine visite. Juliette ne sait pas encore que, la nuit même, à la demande d'un mari jaloux qui a alerté la police, Victor a été arrêté en flagrant délit d'adultère dans un meublé du passage Saint-Roch : avec une jeune femme inconnue d'elle, Léonie d'Aunet. Lui, le défenseur des grands principes, n'a dû qu'à son titre de vicomte et « pair de France » et à son écharpe tricolore de membre du Sénat d'être relâché aussitôt. Tandis que la jeune femme est conduite en prison.

Le Bal par Charles Wilda, 1906.

Léonie ou le « démon de midi »

Dessin de Léonie d'Aunet par Laurent Paturaud, 2013.

Le Flagrant délit. Dessin inspiré d'un tableau de Jules Garnier, *le Constat d'adultère.*

« PRENDS LE SOUFFLE DE MA BOUCHE, LE SANG DE MES VEINES! »

Si elle lisait les journaux – mais elle ne lit, Dieu merci, que ceux apportés par son protecteur – Juliette en mourrait. Dès le lendemain de l'interpellation de Victor et Léonie, *la Patrie* consacre à ce fait divers un article sans équivoque : « *On parle beaucoup à Paris d'un scandale déplorable. Un de nos écrivains les plus célèbres aurait été surpris, hier, en conversation criminelle par le mari qui se serait fait assister du commissaire de police. L'épouse infidèle aurait été incarcérée et l'amant si malheureusement heureux n'aurait dû le triste avantage de conserver sa liberté qu'au titre politique qui rend sa personne inviolable.* »

Le National enfonce le clou en s'interrogeant sur cette grave question de droit constitutionnel : fallait-il épargner cet « *illustre personnage qui cumule les lauriers du Parnasse et le manteau d'hermine de la pairie ?* » Ou bien sa position privilégiée ne lui impose-t-elle pas au contraire une rigueur particulière?

Sa femme, Adèle, craint que le scandale ne retombe sur toute la famille. Ses amis, comme Lamartine, plaignent le malheureux Hugo :

« Ce qui doit être navrant, pour lui, c'est de sentir cette pauvre femme en prison pendant qu'il est libre... » C'est vrai. Victor Hugo a honte. Lui qui plaidait, chevaleresque, pour les femmes méprisées en ces termes : *« Les hommes qui travaillent sont obligés, faute de temps, de prendre les premières femmes venues, celles qu'on appelle impures, folles, courtisanes, femmes compromises, femmes décriées, femmes perdues. Ils reconnaissent vite qu'elles valent exactement autant que les autres. La femme est dans ces femmes. Il se rencontre là de la probité, de la délicatesse, du désintéressement, de la générosité, du courage, de la solidité, de l'amour vrai, de la vertu vraie. Elles ont autant de cœur, d'âme et d'esprit que les femmes du monde, la franchise en plus, la pruderie en moins. »* (Alain Decaux, *Victor Hugo*, Perrin, 1984, 2001).

A-t-il eu le quart de la générosité et du courage qu'il a trouvé chez toutes ses maîtresses d'un jour ou d'un an, dont il tient non sans vanité le relevé : une actrice vaudevillesque, Joséphine Faville; une sociétaire de la Comédie-Française, Mlle Plessy; une prétendue vicomtesse du Vallon; une femme du monde, Madame Roger de Genettes; une poétesse, Louise Colet; une aventurière, Laure Desprée; une courtisane, Esther Guimont... (catalogue établi par Jean-François Kahn dans son livre *Victor Hugo, un révolutionnaire*, Fayard, 2001). Sans oublier la jeune actrice Alice Ozy, séduite par lui alors que son propre fils Charles, 20 ans, en était amoureux... Pendant quelques semaines, le vicomte Hugo, pair de France, devenu confident du roi, va raser les murs. Sur le conseil de Louis-Philippe en personne, il fera savoir qu'il est en voyage. Mais il s'enfermera chez Juliette : pour reprendre, auprès de l'assistante dévouée qui recopie jour et nuit ses brouillons, la rédaction de son roman-fleuve *Jean Tréjean*, qui deviendra *les Misérables*.

Hugo a toujours toujours défendu la cause des femmes, à commencer par les plus méprisées, comme les courtisanes.
Sarah Bernhardt par Georges Clairin, 1876.

Quelques mois plus tard, ayant fait sa rentrée au Sénat, Victor Hugo va, en législateur qui veille à l'application des lois, visiter la prison des Roquettes où l'on jette pêle-mêle *« le gamin imberbe qui a chipé des pommes et l'assassin de grandes routes dans de hideux ateliers infects »* (Victor Hugo *Choses vues,* 1847-1848, Gallimard-Folio, 1972)... Comment ne pas penser à Léonie, enfermée pour deux mois à la prison Saint Lazare – celle des voleuses et des prostituées ? Grâce à l'intervention d'Adèle, la jeune femme sera transférée au couvent des Augustines. Mais elle devra attendre six mois avant que son mari ne consente à retirer sa plainte.

AIGLE ET COLOMBE

L'année du drame, elle a 25 ans. C'est une mince jeune femme aux longs cheveux blonds, au visage ovale et aux grands yeux bleus limpides auxquels Hugo trouve *« l'éclat du diamant »,* quand il ne s'attendrit pas sur la douceur de sa « colombe ». Elle s'est fait connaître à 20 ans, lorsqu'elle a accompagné son mari, François Biard, peintre officiel de la cour, jusqu'au Spitzberg, une île norvégienne sur la route du pôle Nord, avant de rentrer par la Finlande, la Suède et la Prusse et être fêtée à Berlin. Elle a descendu des cascades en canot, admiré des ours blancs et dormi au milieu des rennes en Laponie.

La première femme à se risquer dans une telle expédition ! Les salons parisiens se disputent sa présence. Tant pis pour le compagnon jaloux, qui lui a fait une petite fille avant de l'épouser, puis un petit Georges, parfois attribué à Hugo. D'ailleurs, Léonie se fait plus volontiers appeler Léonie d'Aunet que Léonie Biard. Les biographes découvriront plus tard que sa particule a été, comme c'est assez courant à l'époque, usurpée. Sa mère, simple citoyenne Thévenot,

Le Ravitaillement des prisonniers par Hubert Robert, 1794.

s'étant prétendue la descendante d'un comte, son nom de famille lui-même a été arrangé. Mais convenons que d'Aunet, c'est plus élégant que Biard, et que cela peut aider à faire oublier une enfance pauvre où l'on a, comme Léonie et Juliette, souffert de la faim et rêvé de découvrir le monde.

C'est en 1841 que Hugo fait la connaissance du couple, probablement chez une vieille amie, Fortunée Hamelin dite « *la belle Créole* » (elle est née à Haïti), une ancienne « Merveilleuse » du Directoire. De cette première apparition de Léonie, le poète gardera un souvenir ébloui :

« *J'avais trente-neuf ans, quand je vis cette femme*

De son regard plein d'ombre, il sortit une flamme

Et je l'aimai... »

Quelques mois plus tard, il envoie, dédicacé, à la séduisante exploratrice, *le Rhin*, recueil de souvenirs d'un voyage effectué en 1839 avec Juliette, et premier texte visionnaire pour une future Europe : « *Qui est encore debout en Europe ? Deux nations seulement : la France et l'Allemagne. L'Allemagne est le cœur. La France est la tête. L'Allemagne sent. La France pense. Le sentiment et la pensée, c'est tout l'homme civilisé.* »

C'est qu'il lui faut, pour posséder Léonie, déployer encore plus de talent qu'il ne lui en avait fallu, dix ans plus tôt, pour se glisser dans le lit de Juliette. La jeune femme se laisse approcher, embrasser et même caresser, mais pour s'arracher au dernier moment à ses étreintes. « *Je veux éviter ses baisers et mes lèvres, involontairement, cherchent ses lèvres,* confie-t-elle à son journal intime. *Je veux fuir, mais je n'en ai pas la force. Bientôt, nos baisers se confondent. Mon bonheur s'augmente, car j'éprouve, sous ses brûlantes caresses, des transports inconnus.* » Chaque fois, pourtant, elle trouve la force

Clara nue sous la lampe par Victor Hugo.

de lui échapper. « *Oh! Toi à qui je ne dois jamais appartenir, songe que c'est une mère qui te prie...* » Cette imploration, qu'on croirait tirée d'un roman larmoyant à la mode de ce milieu de siècle, rend Victor Hugo fou de désir. Bien que ses lettres à Léonie ne portent pas d'en-tête et ne soient ni datées ni signées (par crainte d'être découvert par François Biard, le mari jaloux, il a prévu de raconter qu'il s'agissait de brouillons pour un roman) les biographes les plus perspicaces, comme Alain Decaux, supposent que son désir est comblé en 1843. Les premières

fois – folle imprudence! – Léonie, profitant de l'absence d'Adèle, rejoint Victor chez lui, l'après-midi, par un petit escalier qui monte directement à son bureau. Mais les amants sont trop assoiffés l'un de l'autre.

« *Une nuit !* écrit Victor, ébloui. *Oh! Mon cœur bondit de joie à cette pensée! Je pourrai, mon ange, passer une nuit entière avec toi! Comprends-tu cela? Sens-tu tout ce que contient ce mot? Une nuit! Je te sentirai dormir dans mes*

bras! Je veillerai pour la première fois, heureux et enivré, sur cet adorable mystère de ton sommeil! ».

Et elle :

« Je te vois tous les deux jours, et cela ne me suffit plus! J'en veux à toutes ces choses qui nous séparent… »

Ils se savent, pourtant, en danger. Font-ils quelques pas dans le quartier? Victor jette autour de lui des regards inquiets. Bientôt, il se met en quête d'un « antre ». Ce sera une chambre meublée, passage Saint-Roch, avec juste la place d'un lit. Mais François Biard les a fait suivre.

« AU NOM DU ROI! »

Le 5 juillet 1845 au lever du soleil, les amants dorment l'un contre l'autre lorsque des coups retentissent sur la porte.

« Au nom du roi, ouvrez! »

Léonie s'enfouit sous les draps, Victor enfile en vitesse son pantalon. Flanqué de deux agents, le commissaire, ceint de son écharpe tricolore, entre, soulève les draps et dresse le constat.

Ce matin-là, Juliette attend Victor. Il ne fait que passer, pâle et préoccupé. Vingt minutes plus tard, rentré place Royale, il réveille sa femme en faisant brusquement irruption dans sa chambre. Adèle se dresse sur ses coudes, stupéfaite de le voir si hagard. Victor tombe à ses genoux. Convulsivement, il lui raconte tout : la scène affreuse qu'il vient de vivre avec Léonie, le départ de celle-ci, emmenée par les policiers vers une prison épouvantable, les menaces du mari outragé qui la laissera croupir là-bas et lui prendra ses enfants…

Ici, Adèle se révèle grande et noble Madame Hugo. Comme au royaume de Chine, où la « première épouse » accepte les concubines

Portrait de Juliette Drouet par Charles Voillemot.

Jalousie
par Natale
Schiavoni.

à condition d'en choisir le rang, elle tolère depuis longtemps la présence de Léonie, autant qu'elle rejette celle de Juliette. Avec l'aide de l'influente Mme Hamelin, qui fera pression sur François Biard – pas un mauvais homme, au fond – Adèle va faire abréger le séjour de la jeune maîtresse en prison, puis au couvent. L'honneur de la famille Hugo est – presque – sauf. Léonie, quant à elle, va être privée de ses enfants, qu'elle ne verra plus qu'une fois par semaine, mais non totalement privée de ressources : son mari consent à lui reconnaître le montant d'une dot qu'elle n'a jamais reçue et à la lui « rembourser ». Accueillie à la table familiale par Adèle, la

La Douleur du Pacha d'après *les Orientales,* 1829 par Charles Robertson.

jeune maîtresse sera réconfortée. Mais cela ne lui suffit pas : comme l'épouse légitime, la nouvelle concubine exige de Victor qu'il abandonne Juliette.

« Que je suis malheureuse de vous aimer comme je vous aime, sans aucun espoir d'avenir! lui écrit-elle. *Je n'aurai donc jamais su ce que c'est que d'aimer que pour souffrir et ajouter une douleur de plus aux peines que j'ai eues dans ma vie! »*

Il lui répond par des lettres enflammées :

« La flamme que je vois luire dans tes yeux est la même que je sens brûler dans ma poitrine. Je te connais jusqu'au fond comme je me connais; mieux, peut-être. Je te pénètre... Ô ravissante contemplation! Tu es transparente pour moi.

Psyché et Cupidon
(marbre) par
Antonio Canova.

À travers tes vêtements, je vois ton corps et à travers ton corps, je vois ton âme. Ainsi tu me tiens le cœur dans tes serres, Ô belle victorieuse que tu es, comme un aigle tient sa proie ».

Or la « colombe » changée en « aigle » s'exaspère de ne pouvoir arracher sa « proie » des griffes d'une rivale tenace. Elle ignore – ou veut ignorer – ce qui unit profondément Victor Hugo à Juliette Drouet : douze années d'intimité et la souffrance partagée d'avoir perdu chacun, à quelques mois de distance, une enfant chérie : Léopoldine, la fille aînée des Hugo, noyée dans la Seine à Villequier en 1843, à l'âge de 20 ans. Claire, la fille que Juliette a eue du sculpteur Pradier, morte au même âge en 1846 d'une phtisie.

Passés les mois de retrait nécessaires à l'étouffement, sinon à l'oubli du scandale, le grand homme traite Léonie comme il n'a jamais traité Juliette : il la présente à ses amis, la sort dans le monde, fier de sa beauté, de son intelligence, de sa célébrité d'exploratrice intrépide... et, peut-être, de ses origines aristocratiques supposées.

Il lui écrit des lettres d'une grande sensualité : « *Vois-tu dans les moments où je pénètre en toi, où nous sommes moralement et physiquement tellement mêlés l'un à l'autre que nous ne faisons plus en réalité qu'un seul être, qu'un seul corps, qu'une seule âme, dans ces moments-là, je voudrais mourir...* »

À 45 ans passés, est-il saisi par le « démon de midi » ? Plus tard, en épluchant la liste de ses conquêtes et en retrouvant parmi les lettres du poète ce billet à la courtisane Esther Guimont : « *À quand le paradis ? Voulez-vous lundi ? Voulez-vous mardi ? Voulez-vous mercredi ? Craignez-vous le vendredi ? Moi, je ne crains que le retard !* », certains biographes s'interrogeront. Mais aucun n'en

doutera : jamais il n'a aimé une autre femme autant que Léonie.

Elle le sait bien. Mais il lui faut des preuves, une preuve de cet amour : le renvoi de la « vieille » maîtresse.

Hugo promet toujours, mais tente de gagner du temps. N'est-il pas débordé de travail et même, à nouveau, de soucis d'argent ? Son œuvre romanesque, mais aussi ses discours politiques, où il décrit ce qu'il a découvert avec ses collègues d'une commission parlementaire, n'accaparent-ils pas ses nuits et ses jours ?

Relisons son discours de mars 1851 sur les « logements insalubres » dans les caves de Lille : « *Bien que la porte fût toute grande ouverte au soleil depuis le matin, car c'était une belle journée de février, il sortait de cette cave une odeur tellement infecte, l'air y était tellement vicié que, sur sept visiteurs que nous étions, nous ne fûmes que trois qui purent y descendre. Nous trouvâmes dans cette cave au pied de l'escalier une vieille femme et un tout jeune enfant...* »

Au fond, il entrevoit deux paillasses.

« *Je m'approchais d'un de ces lits et j'y distinguais, dans l'obscurité, un être vivant. C'était une petite fille d'environ 6 ans qui gisait là, malade de la rougeole, toute tremblante de fièvre, presque nue, à peine couverte d'un vieux haillon de laine ; par les trous de la paillasse sur laquelle elle était couchée, la paille sortait. Elle était pourrie. À côté du lit, près de l'enfant malade, un grand tas de cendres exhalait une odeur repoussante. C'est de la cendre de tourbe que ces malheureuses familles ramassent et vendent pour vivre...*

Messieurs, six créatures humaines, deux femmes et quatre enfants, vivent là ! » (*Victor Hugo, Écrits politiques,* Le Livre de poche, 2001).

Au retour, quel bonheur de retrouver le lit et les bras parfumés de Léonie !

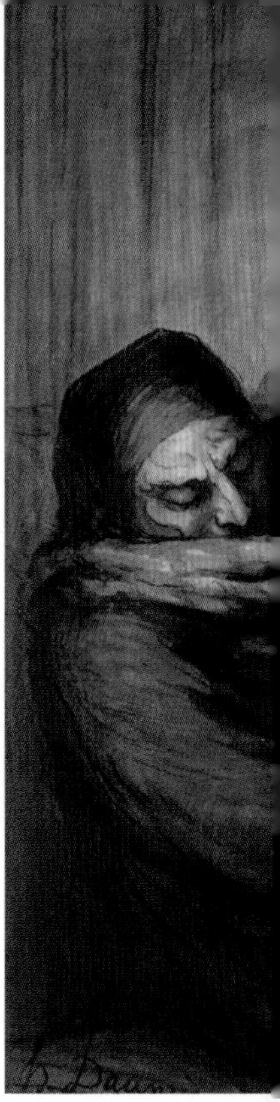

La Seconde classe par Honoré Daumier, 1864.

NOSTALGIE RÉVOLUTIONNAIRE, NOSTALGIE BONAPARTISTE

Mais l'histoire les emporte dans son tourbillon d'émeutes et de révolutions.

En février 1848, Louis-Philippe, monté sur le trône dix-huit ans avant comme le « père des Français » est chassé du pouvoir. On connaît le scénario : mauvaises récoltes, scandales financiers, crise industrielle qui aggravent le chômage et la misère. Le pouvoir ayant interdit un banquet organisé par l'opposition, des barricades s'élèvent dans Paris. Le 23 février, la troupe tire sur le peuple, boulevard des

Capucines : cinquante-deux morts ! Le vieux roi s'enfuit. Déguisé, tel Louis XVI à Varennes quarante-huit ans plus tôt, en bourgeois – Mr Smith – il embarque au Havre pour l'Angleterre. Auparavant, il a abdiqué en faveur de son petit-fils. Mais la République est proclamée et c'est un neveu de Napoléon, Louis-Napoléon Bonaparte, qui va être porté au pouvoir.

Exilé avec sa famille sur les bords du lac de Constance, Louis-Napoléon a grandi dans le culte de son oncle. Il se fait connaître des Français à la faveur de la grande vague de nostalgie suscitée en 1840 par le retour des cendres de l'Empereur. Débarqué à Boulogne-sur-Mer, il tente alors de soulever un régiment. Raté ! Le jeune ambitieux (il a alors 32 ans) se retrouve emprisonné dans la forteresse de Ham (Bâti au XIe siècle et restauré par Vauban au XVIIe, ce château fort du Pas-de-Calais est devenu prison d'État). Il y écrit, en 1844, un texte *l'Extinction du paupérisme* qui, diffusé par les bonapartistes, va lui gagner des sympathies populaires et susciter l'intérêt de l'auteur des *Misérables*. Or voici qu'en juin 1848, le neveu de l'Empereur, évadé de sa monumentale prison grâce à de nombreuses complicités, profite du désordre où se trouve le pays pour se présenter aux suffrages et se faire élire triomphalement député. Cinq mois plus tard exactement, le 4 novembre, Louis-Napoléon est candidat à l'Élysée. En promettant le rétablissement du suffrage universel (pour les hommes seulement) et en menant une campagne que l'on qualifierait, deux siècles plus tard, de « populiste » il est élu premier président de la IIe République.

Lucide et passionné à la fois, Hugo parcourt la capitale de la tribune de l'Assemblée aux barricades de la Bastille en plaidant contre le retour de « *la planche aux assignats et de la guillotine* ». Applaudi par les uns, menacé par les autres d'être abattu d'un coup de fusil, il

Louis-Philippe et ses fils sortant de Versailles par Horace Vernet, 1845.

Hugo se range aux arguments de Lamartine et rejoint une gauche modérée.
Portrait de Alphonse Lamartine par Henri Decaisne.

Madame Lamartine adopte les enfants des patriotes tués sur les barricades à Paris durant la Révolution de 1848 par Francois Claudius Compte-Calix.

note tristement : « *La misère mène le peuple à la Révolution, et la Révolution le ramène à la misère.* » À ses yeux, la meilleure solution pour le pays eut été une transition dans le calme, une « Régence » de la belle-fille de Louis-Philippe. Mais l'heure en est passée. Hugo se range aux arguments d'un Lamartine et rejoint une gauche plutôt modérée malgré ses discours exaltés : pour être élu lui-même député.

Juliette s'en inquiète : « *Rien ne m'agace plus que ces émeutes dans lesquelles tu as la manie d'aller te fourrer. Je voudrais que le diable torde le cou aux émeutiers une bonne fois et qu'il n'en soit plus question. Pourvu qu'il n'y ait plus de révolution ni de mystification, je donne mon adhésion à ce gouvernement,* lui écrit-elle le 4 mai 1848, *en disciple imprégnée de la pensée du maître, mais se sachant trop*

Souvenirs du congrès de la Paix par Daumier, en « Charivari », 1849.

"inférieure" intellectuellement pour argumenter avec sérieux. Avec tout cela, baisez-moi, vous, et tâchez d'assister régulièrement aux séances de ma chambre. »

Depuis son banc de l'Assemblée, Victor griffonne cette réponse : « *Ne t'effraie pas, ma bien-aimée... Sois tranquille, doux ange. Dieu est avec les bons et les justes. Je t'aime.* »

Mais l'insurrection va tourner à la révolution. Un matin de juin, on vient lui annoncer, sur le même banc de l'Assemblée, que des émeutiers ignorants ont mis le feu à sa maison de la place Royale, obligeant Adèle et les enfants à courir se réfugier chez un artisan du quartier.

Léonie s'alarme, elle aussi. Comme Juliette, elle va recueillir un témoignage bouleversé sur les malheureux « insurgés de juin ». Hugo condamne leur violence aveugle, mais il condamnera plus durement encore la répression par le gouvernement . 25 000 arrestations, 11 000 condamnés à la prison ou la déportation, 1 500 exécutés...

Cet effroyable bilan ne justifie pas, pourtant, aux yeux de la « seconde maîtresse », que Victor diffère sans cesse le moment de rompre avec Juliette. Pour une jeune femme née en 1820, toutes les années, ou presque, n'ont-elles pas été troublées ? C'est une raison de plus, répète-t-elle, pour vivre libre et s'aimer au grand jour.

Le calme va revenir dans la capitale. Louis-Napoléon Bonaparte va être élu, le 10 décembre 1848, président de la République. Hugo, invité au palais de l'Élysée, va reprendre espoir lorsque « le prince » l'entraînera par le bras comme le faisait Louis-Philippe pour lui demander : « *Comment faire un grand gouvernement pour la paix ?* » Comment ? Le poète y a réfléchi depuis longtemps : « *Par toutes les grandeurs des arts, des lettres et des sciences. Par les victoires de l'industrie et du progrès. La France est une nation conquérante. Quand elle ne fait pas de conquête par l'épée, elle veut en faire par l'esprit.* »

On admire la hauteur de vues. Qui croirait que ce grand homme est un amant coupable, sans cesse courant d'une chambre à l'autre, sans cesse contraint de s'expliquer ou de faire taire un reproche par des poèmes et des baisers, sans cesse promettant et remettant à plus tard ?

DES LETTRES, UN RUBAN ROSE ET UN COUP DE POIGNARD

Un beau jour, Léonie, lasse de menacer et de pleurer, décide de forcer le destin. Nous sommes le 28 juin 1851. Il fait beau sur Paris et Juliette se réjouit de voir approcher le jour où Victor l'emmènera à la découverte de quelque province de France. On frappe à sa porte. Un messager lui remet un paquet de lettres noué d'un ruban rose et scellé d'un cachet aux armes de l'orgueilleux poète « *Ego Hugo* ». Juliette brise le sceau, arrache les rubans et reste frappée de stupeur. Cette écriture, c'est bien celle de « Toto ».

Ces mots, elle les reconnaît « *Tu es un ange, je baise tes pieds, je baise tes larmes...* » Mais dès les premiers couplets, elle comprend qu'ils ne lui sont pas destinés : « *Je pourrai, mon ange, passer une nuit entière avec toi* [...] *Cette nuit-là, ma bien-aimée, sera la consécration de notre mariage. Il nous manquait notre nuit de noces* »...

Sa respiration s'accélère, tandis qu'elle parcourt les lignes, à la recherche d'un prénom. Le voici : « *Que je voudrais être là et baiser ta bouche adorée, et te prendre dans mes deux bras, ta tête charmante sur ma poitrine, sans te tourmenter trop, sans être exigeant, en respectant ton sommeil, de manière seulement à faire, ma Léonie, un repos mêlé d'amour.* » « *Ma Léonie!* » Qui est cette femme ? Jeune, forcément jeune et belle... Mais depuis quand l'aime-t-il ? Sept ans ? Huit ans ? Le billet joint, signé Léonie d'Aunet, indique seulement que

La Femme en pleure par John Everett Millais.

sa liaison avec M. Victor Hugo dure depuis si longtemps qu'elle est reçue place Royale au sein de la famille et traitée par Adèle en amie. Mlle Drouet devrait donc en tirer les conséquences et cesser d'importuner le poète.

Juliette est devenue folle. La voilà dans la rue sans chapeau, sans châle sur les épaules, marchant, secouée de sanglots, vers la Seine. Puis, c'est une espèce de froideur qui tombe sur elle. Comme si elle attendait cela depuis si longtemps. Comme si déjà, la Juliette amoureuse et naïve était morte en elle. Et comme si elle voyait désormais son Victor de très haut.

Le lendemain, il est là, confus et menteur comme un petit garçon prit les doigts dans la confiture. Il s'embrouille dans ses histoires, assure que si Léonie a commis ce geste, c'est par désespoir de se savoir supplantée, ajoute que, du reste, elle possède un joli talent littéraire, de sorte que son fils Charles Hugo lui a confié une rubrique dans le journal *l'Événement* qu'ils viennent de fonder ensemble... mais que c'est elle, Juliette, qu'il aime...

Ce discours ne fait que l'humilier davantage. Quand elle raccompagne Victor à la porte, sa décision est prise. Au nom de leur amour passé et du respect qu'ils se doivent mutuellement, elle ne le laissera pas continuer à vivre dans le mensonge. Dans la nuit, elle lui écrit ce qu'elle croit être sa dernière lettre : « *Au nom de tout ce que tu as de plus sacré, au nom de ma suprême douleur, mon bien-aimé, ne fais pas de fausse générosité avec moi, ne déchire pas ton propre cœur en voulant épargner le mien !* »

Juliette ne sait pas encore que, quatre mois plus tard, le coup d'État de Louis-Napoléon Bonaparte les jettera ensemble, Victor et elle, dans une nouvelle aventure. Léonie, la guerrière victorieuse, ne peut soupçonner que le grand vent de l'Histoire va bientôt la chasser, elle, la femme la plus aimée, de la vie de Victor Hugo.

Le Charivari du 12 octobre 1836, galerie littéraire numéro 3 : Monsieur Victor Hugo la plus forte tête romantique. Paris, Maison de Victor Hugo.

Galerie Littéraire N° 3.

Léopoldine, le chagrin de sa vie

Portrait de Léopoldine Hugo
le jour de sa premiere communion
par Auguste de Chatillon.

« LORSQU'ELLE ME DISAIT : MON PÈRE TOUT MON CŒUR S'ÉCRIAIT : MON DIEU ! »

EST-CE Léopoldine, la fille aînée de Victor Hugo, noyée le 4 septembre 1843 à l'âge de 19 ans, qui protège Juliette ? Ou Claire, sa propre fille unique, décédée le 21 juin 1846 alors que Victor l'infidèle allait retrouver Léonie, sa jeune maîtresse juste sortie de prison ? Au moment où leur rupture paraît devenue inévitable, on dirait que, là-haut, les deux jeunes filles unissent leurs vœux pour resserrer les liens entre le père de la première et la mère de la seconde. Conception trop mystique des amours et du destin, sans doute. Mais n'est-ce pas celle de Victor Hugo lui-même ? Si l'homme politique refuse la tutelle de l'Église, le poète croit en Dieu et veut imaginer les deux innocentes au paradis. Il croit aussi en la rédemption, thème majeur incarné dans son roman *les Misérables* par le personnage de Jean Valjean. Cinq ans après avoir failli s'éloigner de Juliette, sa *« vieille maîtresse »* comme l'appelle Léonie, car il ne supportait pas le remords d'avoir été avec elle, loin de Normandie le jour du drame de Villequier, le chagrin partagé l'en rapproche.

Gravure de Victor Hugo par Faber, 1847.

Comme il a aimé Léopoldine ! Pour son enfant chérie, née en 1824, moins d'un an après la mort d'une aînée qui n'aura vécu que trois mois, et baptisée, selon la coutume assez morbide de l'époque, du même prénom, Hugo a écrit ses plus tendres et peut-être ses plus célèbres poèmes. Qui n'a récité ou décliné à sa manière *Lorsque l'enfant paraît* (publié dans le recueil *les Feuilles d'automne*) lorsque la petite « Didine » a juste 7 ans ?

« *Lorsque l'enfant paraît, le cercle de famille*
Applaudit à grands cris »

Mais qui se souvient de la suite ?

« *Car vos petites mains, joyeuses et bénies,*
N'ont point mal fait encor ; »

Et, plus loin, de ce nouvel hommage d'un homme mûr à l'innocence :

Vos pieds tendres et purs n'ont point l'âge où l'on marche.
Sans le comprendre encor vous regardez le monde.
Double virginité ! Corps où rien n'est immonde,
Âme où rien n'est impur ! »

Écrit le 3 septembre 1847, la veille du jour où le père inconsolable se résoudra enfin (quatre ans après le drame) à se rendre sur la tombe de sa fille, un autre court poème, souvent choisi pour lancer une émission de radio sur Victor Hugo, est passé lui aussi à la postérité :

« *Demain, dès l'aube, à l'heure où blanchit la campagne,*
Je partirai. Vois-tu, je sais que tu m'attends.
J'irai par la forêt, j'irai par la montagne.
Je ne puis demeurer loin de toi plus longtemps.
Je marcherai les yeux fixés sur mes pensées,
Sans rien voir au dehors, sans entendre aucun bruit,
Seul, inconnu, le dos courbé, les mains croisées,
Triste, et le jour pour moi sera comme la nuit.
Je ne regarderai ni l'or du soir qui tombe,
Ni les voiles au loin descendant vers Harfleur,

Le Dragon. Dessin de Victor Hugo.

Et quand j'arriverai, je mettrai sur ta tombe,
Un bouquet de houx vert et de bruyère en fleur. »

Mais qui connaît celui-ci, écrit à Villequier un an tout juste après l'accident, sur la rive du fleuve trompeur qui a emporté Léopoldine ?

« *Elle avait l'air d'une princesse*
Quand je la tenais par la main ;
Elle cherchait des fleurs sans cesse
Et des pauvres dans le chemin. »

Hugo aime si jalousement sa petite princesse que la voir tomber amoureuse à 18 ans d'un ami d'enfance, Charles Vacquerie, pourtant charmant garçon et fils d'un armateur du Havre, le rend sombre et de plus en plus irritable. Un an de fiançailles, et c'est presque un père dépressif qui se résout à conduire Léopoldine à l'autel, le 15 février 1843, en l'église Saint-Paul-Saint-Louis, non loin de la place Royale. Après la cérémonie, il confiera que sa tristesse a été « *celle du rosier au moment où la main d'un passant*

lui cueille sa rose. » Juliette s'emploiera, avec angoisse, à le consoler : « *Je crois que je n'ai pas dormi deux heures dans toute la nuit, tant la pensée de ton enfant et de toi, mon adoré, m'a agitée. Je pensais combien tu allais être triste après cette journée de fête et je regrettais de n'être pas assez tout pour toi pour combler le vide que l'absence de ta fille va faire dans ta vie.* »

Se doute-t-elle alors de quelle façon Victor tente déjà de « combler le vide » ?

La noyade du jeune couple, quelques mois plus tard, sera pour elle comme un terrible avertissement du destin. Coupable d'avoir éloigné des siens un père si aimant, la « vieille » maîtresse est menacée. Mais l'on découvre ici une nouvelle Juliette, maternelle, prête à tout pour protéger son « Toto ».

Dessin de Victor Hugo.

« UN AFFREUX PRESSENTIMENT »

Partis en Espagne, ils remontent par le Périgord et la Charente : Gavarnie, Marennes… Entre deux descriptions de châteaux et de villages, soigneusement notées sur son carnet de voyage à destination de « Toto », Juliette se montre frappée par la maigreur et la mauvaise mine des enfants victimes de « la canicule » – ou plutôt d'une infection due à la pollution des eaux et à l'accumulation de tourbe puante. Même sur l'île d'Oléron, leur dit-on, « *on en a enterré sept avant-hier* ». Prise d'un pressentiment, elle pense à sa fille Claire et redoute « *quelque affreux malheur* ».

C'est au Café de l'Europe, à Rochefort, que la nouvelle va les frapper. « *Le garçon apporte une bouteille de bière. Sur une table en face de nous, il y a plusieurs journaux. Toto en prend un au hasard… se souvient-elle* (Juliette Drouet, *Souvenirs 1843-1854*, texte présenté par Gérard Pouchain, les Éditions des Femmes, 2006). *J'avais eu à peine le temps d'en regarder le titre que mon pauvre bien-aimé se pencha brusquement*

Portrait de Léopoldine par Adèle Hugo.

Portrait de Victor Hugo par Joseph François Heim, 1836.

sur moi et me dit d'une voix sourde et étranglée en me montrant le journal qu'il tient à la main : "Voilà qui est horrible !" Je lève les yeux sur lui et, tant que je vivrai, je n'oublierai l'expression de désespoir sans nom de sa noble figure. Ses pauvres lèvres étaient blanches, ses beaux yeux regardaient sans voir, son visage et ses cheveux étaient mouillés de sueur, sa pauvre main était serrée sur son cœur comme pour l'empêcher de sortir de sa poitrine. »

Une semaine auparavant, le 2 septembre 1843, Léopoldine et Charles sont partis faire du canot sur la Seine. Il faisait beau, ils étaient vêtus de crème et bleu ciel et portaient des canotiers... Un bonheur simple à la Renoir. Mais en face de Villequier, la frêle embarcation a chaviré. Une fausse manœuvre ? Un remous provoqué par un bateau à vapeur ? Naturellement, comme c'est le cas de presque tout le monde à l'époque, les jeunes mariés ne savent pas nager... En vain, Charles tente par cinq fois de retenir sa jeune épouse et d'alerter les promeneurs sur la rive en levant le bras, mais il s'enfonce ...

Victor et Juliette arrivent à La Rochelle à dix heures du soir. Mais la prochaine diligence pour Saumur ne partira que le lendemain. Escale à Blois, puis Orléans, où il faut chaque fois attendre pendant plusieurs heures dans une auberge crasseuse le passage d'un nouvel attelage. À Rambouillet, enfin, un train... Lorsqu'ils atteignent Paris, le 12 septembre, ils apprennent que l'enterrement a eu lieu le 6 à Villequier.

Victor se précipite place Royale pour serrer dans ses bras sa femme Adèle et leurs trois enfants survivants : Adèle, François-Victor et Charles. Il n'arrive pas à oublier que sa « Didine » chérie lui avait dit en Normandie « *Reste, papa...* » Pour tenir sa promesse à Juliette, il avait invoqué son devoir d'élu et n'était resté qu'une journée... S'il avait été là, peut-être le jeune couple ne se serait-il pas embarqué sur ce maudit canot ?

« PRENEZ TOUJOURS SOIN DE MA CHÈRE MAMAN »

Pour autant – et l'on voit là la générosité de Hugo et le sincère amour des enfants qu'il n'exprime pas seulement dans ses discours et ses romans –, le père en deuil de Léopoldine ne néglige pas la fille de Juliette. Entre le grand écrivain chargé de famille et de femmes et la petite Claire, adolescente de 17 ans un peu négligée par sa mère et quasiment abandonnée par son père,

Ville avec un pont cassé par Victor Hugo.

le sculpteur Pradier, s'est tissé un lien paternel. Hugo ne se contente pas d'écrire à Claire d'affectueux petits mots : « *Puisque tu penses un peu, ma pauvre Claire, à ton ancien ami M. Toto, il faut que je te dise un petit bonjour. Travaille bien, deviens sage et grande, deviens une noble et digne personne comme ta mère...* » (Alain Decaux).

À plusieurs reprises, puisqu'il a interdit à Juliette de sortir seule, il prend lui-même un fiacre pour aller chercher l'adolescente à Saint-Mandé où elle est pensionnaire, et la ramener chez sa mère où ils déjeunent tous les trois ensemble. C'est une fête ! Mais Claire, malade, est obsédée par la mort : « *Adieu, monsieur Toto, ayez toujours bien soin de ma chère maman, qui est si bonne et si charmante, et soyez sûr que votre Claire vous en sera bien reconnaissante.* » Elle maigrit, tousse de plus en plus, et bientôt, crache le sang « à pleines cuvettes ». On se doute que les saignées prescrites par le médecin ne lui font aucun bien. Seule la relecture à voix haute, par sa mère, des lettres de « M. Toto », avec tout ce qu'elles contiennent, dit Juliette, reconnaissante « *de doux, de tendre et de charmant* », lui fait, pendant quelques minutes, oublier son mal. Et sourire comme la petite Cosette devant sa poupée.

Claire meurt le 21 juin 1846. L'enterrement a lieu à Auteuil, où Pradier avait consenti à lui louer pendant ses derniers mois un modeste logement. C'est alors qu'on découvre son testament d'enfant pure : « *Je prie qu'on m'habille comme le jour de ma première communion et qu'on m'enterre au cimetière de Saint-Mandé.* » Exténuée de fatigue et de chagrin, Juliette n'a pas le courage d'assister à l'exhumation du corps et à son transfert. C'est Victor Hugo qui accompagnera le cercueil, recouvert de fleurs blanches, au cimetière de Saint-Mandé, et mènera le deuil au côté de Pradier et en tête d'un maigre cortège de pensionnaires.

Entre la fille de Juliette et Hugo s'est tissé un lien paternel. *Portrait de Julie Manet,* par Pierre Auguste Renoir, 1894.

« MOURIR POUR VOUS »

Deux mois plus tard, la famille Hugo commémore le second anniversaire de la mort de Léopoldine. Ni en 1844 ni en 1845 son père n'avait eu la force de se rendre sur sa tombe. Cette fois, il rejoint Adèle à Villequier. Mais il ne laisse pas Juliette seule à Paris avec son grand chagrin. Il l'emmène jusqu'à Caudebec, où il la retrouvera après la cérémonie.

Ce triste pèlerinage instaure-t-il, pour tous les deux, un nouveau rituel ?

En octobre 1851, moins de quatre mois après que Juliette a cru mourir en recevant le paquet de lettres écrites par son amant à Léonie, ils effectuent ensemble un pèlerinage sur les tombes de leurs filles, Léopoldine et Claire, en priant les « deux anges » de les protéger et de leur accorder la paix.

Tout en vivant « l'enfer », Juliette s'est reprise à espérer un peu. Elle croit même avoir donné à Victor « *la preuve d'amour la plus grande et la plus difficile* » : en consentant à ce qu'il revoie – mais ne l'aurait-il pas fait sans sa permission ? – « cette dame ». D'accord sans le savoir avec Léonie, elle a mis en demeure l'infidèle d'avoir à arrêter son choix avant la fin du mois.

Prête à se contenter de « *cinq minutes pour moi sur les vingt-quatre heures données à tout et à bien autre chose* », elle assure aimer son « adoré » « *plus et mieux que qui que ce soit au monde* ». Elle donne son temps, son dévouement, avec une folle générosité, puis se plaint et menace. Elle étonne par sa noblesse d'âme...et par ses sempiternelles petites récriminations. Bref, elle ne sait toujours pas où elle en est. Sauf qu'elle est sincère lorsqu'elle lui déclare (lettre du 12 novembre 1851) « *Mon ambition serait de mourir pour vous.* » Comment Hugo l'oublierait-il ?

Danse à Bougival par Pierre Auguste Renoir, 1883.

Juliette le sauve des griffes de Napoléon III

Portrait de Napoléon III
par Franz Xaver
Winterhalter, 1857.

« SANS ELLE, JE SERAIS MORT OU DÉPORTÉ »*

A 49 ans, Victor Hugo en paraît 70 d'aujourd'hui. Une photo le montre vieilli, grossi, les traits marqués, l'œil encore plus sombre sous les cheveux blanchis, la bouche serrée par un pli d'amertume, la mâchoire plus lourde. Il souffre de crises de rhumatismes qui le tiennent parfois plusieurs jours au lit au milieu de ses papiers. Entouré de ses deux fils, Victor, qui prend des airs de dandy, et Charles, un peu gras déjà dans son costume de rédacteur en chef du journal *l'Événement*, le « périssime » (père et pair) comme il l'appellent tous deux, a l'air – n'était le grand front pensif – d'un bourgeois « arrivé », d'ailleurs très soucieux de ses placements financiers et de l'état de sa fortune.

Portrait de Victor Hugo, 1849.

Victor Hugo à sa femme Adèle, lettre janvier 1852.

Celui qui va devenir son ennemi juré, Louis-Napoléon Bonaparte a, lui, 43 ans en 1851 quand il s'apprête – la constitution républicaine lui interdisant un second mandat présidentiel –, à commettre un coup de force pour garder le pouvoir. Trois ans plus tôt, en le voyant arriver au Palais-Bourbon, Hugo le décrivait ainsi : « *Il paraît jeune, a des moustaches et une royale* – barbe pointue à la Henri III – *noires, une raie dans les cheveux, cravate noire, habit noir boutonné, col rabattu, des gants blancs... Il a prononcé le mot "compatriotes" avec un accent étranger...* » Un « *étranger embarrassé* », en somme, mais plutôt de bonne volonté, ou en tout cas assez avisé pour ne dévoiler son jeu ni aux ministres qui veulent le tirer à droite ou à gauche ni aux courtisans qui l'appellent tour à tour « *Prince, Altesse, Monseigneur, Monsieur... et citoyen* ».

Pierre Joseph Proudhon et son enfant par Gustave Courbet, 1853.

François Guizot par Paul Delaroche.

Hugo attend, lui aussi. Et il observe. Parfois avec agacement, souvent avec humour. N'hésitant pas à couper la parole au président de l'Assemblée d'un sonore : « *A ses fonctions!* » lorsque celui-ci invite ses chers collègues à faire rendre au nouveau président de la République « les honneurs dus à son rang ». Dressant dans ses carnets (Victor Hugo, *Choses vues*, collection Folio) de brefs portraits, féroces, des orateurs de l'Assemblée : « *Proudhon, le bœuf qui laboure, mais qui est eunuque* » Guizot, doué de cette « *rare qualité de l'orateur homme d'État, qui consiste à expliquer si bien les choses qu'on n'y comprend plus rien* ». Riant aux éclats lorsqu'un député, inquiet de l'accroissement de la population, excessif à ses yeux – la France compte alors 30 millions d'habitants – lance sous les quolibets : « *Rendez-vous compte de ce que les hommes et les femmes d'un pays comme la France peuvent faire d'enfants par an, l'un dans l'autre !* » Dessinant enfin, en quelques lignes, le profil d'un président de la République, tel qu'il devrait être : « *Habit noir, pas de décorations, pas d'aides de camp, pas de chevaux, pas de panache. Vit simplement, modeste et fier. Entre pauvre* (à l'Élysée), *en sort pauvre. Dit Monsieur au roi d'Angleterre et à l'empereur d'Autriche. En France, l'égal de tous les citoyens. Hors de France, l'égal de tous les souverains.* »

Peut-on y voir, déjà, une critique à peine voilée du « prince-président » que Hugo a vu passer dans sa berline à deux chevaux, entourée de cuirassiers, avec des officiers aux portières et deux laquais derrière portant la livrée vert et or de la suite du défunt Napoléon tandis que, dans la foule des badauds, un enfant criait : « *Vive l'Empereur!* »?

Plus tard, on dira que le ressentiment du poète s'explique par une ambition frustrée : Hugo aurait voulu être ministre. Mais comment croire qu'il ne l'aurait pas été s'il l'avait souhaité? Le futur Napoléon III avait bien davantage besoin de lui que lui, de ce « *Napoléon le petit!* »

« *Ce que je veux,* répète-t-il orgueilleusement, *ce n'est pas le pouvoir, c'est l'influence.* » En tout cas, les jours où il ne siège pas sous la coupole de l'Académie pour y discuter du *Dictionnaire* et faire élire Honoré de Balzac et Alexandre Dumas parmi les « Immortels », Hugo débat dans les couloirs et sous la coupole du Palais-Bourbon. La politique est sa nouvelle maîtresse. Sa vraie passion.

« UNE PERSONNE QUE JE TUERAIS AVEC JOIE »

Son épouse Adèle et ses deux maîtresses quasi « officielles », Juliette et Léonie, ont-elles bien mesuré cela, perdues qu'elles sont dans leur combat pour la première et la deuxième place auprès du grand homme? Rue de la Tour d'Auvergne, où Victor Hugo s'est installé avec sa famille après les émeutes de la place Royale (non sans avoir trouvé deux petits appartements dans le quartier de Notre-Dame-de-Lorette, pour Juliette et Léonie) mais aussi dans les salons aristocratiques et bourgeois qu'elles fréquentent, Adèle et Léonie soutiennent, comme l'ensemble de la droite, le style et l'action du « prince-président ».

Juliette, plus proche des artisans et ouvriers des faubourgs, et plus impliquée dans la préparation du chef-d'œuvre *les Misérables* pour lequel elle rédige maintenant des souvenirs personnels de son enfance chez les pauvres,

Hugo commence à travailler sur *les Misérables*. Cosette, illustration *les Misérables* de Victor Hugo, 1862 par Émile Antoine Bayard.

C'est quelquefois Livrer

est plus attentive aux réactions du peuple, mais non moins craintive face aux risques de grands changements.

Les trois femmes ont compris combien Victor aimait et admirait l'esprit d'indépendance... chez les hommes.

Mais aucune des trois n'a les moyens de cette indépendance. Voyez Léonie. Après « *quatre années de supplice* », elle désespère d'obtenir la rupture de Victor avec Juliette, mais ne peut trouver la force de mettre ses propres menaces à exécution : « *Eh bien ! Je ne ferai pas ce que je voulais faire, j'aurai le courage surhumain de respecter le bonheur et les illusions de ce que je hais le plus ou monde, d'une personne que je tuerais avec joie, dussé-je répondre de cette action devant Dieu ! D'une personne à qui tout le bonheur de ma vie est offert en luxe... Je me tairai, je renoncerai à la seule chose que je désire ardemment, mais ce que je ne puis, c'est rester dans cet abîme d'humiliation où vous me tenez, c'est continuer ce rôle odieux de courtisane...* »

Et voyez Juliette : « *Il est impossible que ton cœur ne s'intéresse pas plus tendrement à la belle et spirituelle jeune femme que tu as adorée* – il s'agit évidemment de Léonie – *qu'à la pauvre femme usée et dévastée par la passion qui n'a plus rien à faire dans ce monde qu'à mourir. Je suis si sûre de ce phénomène physique et moral que je me demande pourquoi j'attends plus longtemps qu'il soit accompli pour quitter la place.* » (10 novembre 1851).

Admirons la patience – ou la lâcheté – du grand homme. C'est qu'il aspire, entre deux combats, à quelques heures de « repos du guerrier ». Or ses combats se font chaque semaine plus âpres et ses adversaires, chaque fois plus agressifs. Car notre « républicain », qui fut l'ami de Louis-Philippe et de la duchesse d'Orléans et reste l'admirateur de Napoléon Ier, déconcerte par ses apparentes contradictions :

Caricature
de Victor Hugo
par Benjamin.

il est pour les *« opprimés »* mais contre la révolution qui engendre *« l'anarchie et la terreur »*, pour le maintien de l'ordre, mais contre la peine de mort et la déportation, pour la foi en Dieu, la charité et le respect de la religion, mais contre l'extension du pouvoir du clergé au sein de l'école et de la société et pour la séparation de l'Église et de l'État.

Alphonse Baudin sur les barricades du Faubourg Saint-Antoine, 3 décembre 1851.

Ulcéré par les sarcasmes et les pressions du « parti clérical », il se dresse au milieu de l'hémicycle pour se lancer dans des réquisitoires enflammés. Tout y passe : l'Italie, peuplée d'illettrés, l'Espagne, abrutie par les bûchers de l'Inquisition, Galilée, bâillonné par le tribunal de Rome, et jusqu'à la France où il voit *« la sacristie souveraine, la liberté trahie, l'intelligence vaincue et liée, les livres déchirés et le prône remplaçant la presse... »*

Or, et ce sera sa grande, sa douloureuse surprise en décembre 1851 : le peuple, dont il connaît les conditions de vie et dont il défend si ardemment la cause, n'est pas prêt à le suivre dans tous ses combats. *Les Misérables* qui lui vaudront une ferveur populaire immense ne paraîtront que onze ans plus tard, en 1862. En attendant, Louis-Napoléon a eu la suprême habileté, avant d'envoyer ses soldats investir l'Assemblée nationale, fermer les rues et inspecter jusqu'aux caves des cafés et jusqu'aux greniers de tous les présumés opposants pour arrêter plusieurs milliers d'entre eux, de promettre le rétablissement du suffrage universel masculin, sans condition de ressources ni paiement d'aucune redevance. C'est une imposture, sans doute, mais le mot « suffrage universel » réveille, chez les Parisiens en tout cas, un sentiment d'humiliation et de revanche : enfin, croient-ils, véritables « citoyens »!

Sans attendre d'être devenu, à la faveur d'un plébiscite, Napoléon III Empereur, le maître de l'Élysée serait-il allé jusqu'à faire arrêter le poète? Après tout, il a bien fait jeter en prison pour six mois, à cause d'un article contre la peine de mort, son fils Charles. Et puis, Victor Hugo n'a-t-il pas, le premier, déclenché les hostilités? Plusieurs mois avant, il s'exclamait, en plein Parlement : *« Quoi! Parce que nous avons eu Napoléon le Grand, il faut que nous ayons Napoléon le Petit? »*

Mû par un pressentiment, il ajoutait : « *Allons ! Le grand jour sur tout cela ! Il ne faut pas que la France soit prise par surprise et se trouve, un beau matin, avoir un empereur sans savoir pourquoi !* »

LA CAMPAGNE HÉROÏQUE DE JULIETTE

Le « beau matin » est arrivé. Le 2 décembre 1851 à dix heures, une voisine avertit Juliette qu'elle vient de lire, affiché sur les murs, un décret signé de Louis-Napoléon : celui-ci prononce la dissolution de la Chambre et rend au peuple le suffrage universel. Parmi les lecteurs des affiches, la voisine a tout de suite repéré de faux ouvriers vêtus de blouses, qui répétaient : « *Grâce à Napoléon, nous ne sommes plus des misérables. Nous pouvons voter comme les gens riches. Il a bien fait de jeter à bas les "Vingt-cinq francs !"* » (Surnom donné aux députés jetés en pâture au peuple, une campagne de presse ayant dénoncé leurs indemnités de 25 francs par jour sans révéler celles, bien supérieures, des ministres et du président de la République).

Juliette s'apprête à sortir, quand son « pauvre bien-aimé » sonne à sa porte. Victor a été prévenu dans la nuit que la police le recherchait. « *On se battra !* », a-t-il annoncé à sa femme avant de quitter son domicile.

Il répète cette promesse à Juliette et file aussitôt rejoindre ses amis partisans de créer un « Comité de résistance », non sans avoir donné à sa compagne « *la permission d'errer dans le voisinage* » pour recueillir des informations. Dix minutes après, Juliette est dans la rue. Pendant neuf jours et autant de nuits, traversant Paris en tous sens, interrogeant les uns, les autres, faisant le guet à quelques mètres d'une maison où se tient une réunion secrète à laquelle participe son « Toto », se cachant

La Liberté guidant le peuple (détail) par Eugène Delacroix.

Eug Delacroix
1830.

derrière une porte cochère à l'approche d'un régiment, ou d'un cortège transportant des blessés ensanglantés, ne ressortant que pour aller acheter des côtelettes pour « le pauvre affamé » qui n'aura rien mangé de la journée qu'un bout de pain, sollicitant discrètement, enfin, de vieilles connaissances afin d'obtenir pour Victor un lit pour la nuit dans un quartier à l'abri des recherches de la police, une cave en lieu sûr pour y entreposer sa grosse malle remplie de documents et de manuscrits, un passeport au nom d'un calligraphe, puis un billet de train pour Bruxelles où une vieille amie pourra l'accueillir et l'héberger...

Juliette, successivement mère, sœur, garde du corps, reporter sur le front, cuisinière, infirmière, organisatrice et compagne d'un dévouement absolu, joue là le plus beau rôle de sa carrière.

Elle note les réactions contrastées : « *Du côté des faubourgs, une sorte de joie vengeresse qui se réjouissait de voir l'Assemblée tomber... dans le haut quartier, au contraire, les épithètes les plus violentes et les plus flétrissantes accompagnaient le nom de Bonaparte* » (Juliette Drouet, *Souvenirs, 1843-1854,* Éditions des Femmes, 2006).

Elle assiste à des scènes d'enthousiasme à la Porte-Saint-Martin, où la foule chante en chœur *La Marseillaise* et crie « *Vive la République !* » au moment où Victor ouvre la porte de l'omnibus pour mêler sa voix à celle des « résistants », mais aussi à des scènes de terreur à Montparnasse, quand un général descend de cheval pour lire à ses soldats l'ordre de tirer tandis que, parmi les badauds, sur le trottoir, un jeune garçon, qui ressemble au Gavroche des *Misérables,* crie « *Vive la Constitution !* ». Elle décrit un Victor Hugo « *pâle et frémissant, au comble de l'exaspération, de la colère et de l'indignation* ».

Ils sont montés dans un omnibus, et celui-ci traverse le faubourg, quand « *un groupe d'offi-*

ciers, de capitaine et, de généraux », bloque le passage. « *Victor se penche à la portière et leur crie qu'ils sont des misérables, des lâches, des assassins. Il se nomme tout haut, il leur dit : "Fusillez-moi pour que je n'aie pas la honte de voir cet infâme peuple qui se laisse déshonorer sans protester!"* »

Elle lui met la main sur la bouche, lui couvre le visage de son mantelet, il continue à crier à s'en étouffer et tente de sortir de la poche de sa redingote noire son écharpe tricolore pour la brandir. « *Ce qui est miraculeux, c'est que cette noble figure flamboyante d'une sublime colère n'ait pas été reconnue!* »

Leurs amis et eux-mêmes en sont sûrs, maintenant : le « prince-président » en route pour le plébiscite et le sacre d'Empereur, serait capable, sinon d'ordonner son meurtre, du moins de laisser tuer le poète devenu, avec son génie, sa flamme et son mot « *Napoléon le Petit!* » son plus redoutable adversaire.

Enfin, le jeudi 11 décembre à huit heures du soir, Victor, modestement vêtu et grelottant de froid, monte dans le train pour Bruxelles.

« QUAND JE ME TOURNE VERS TOI, IL ME SEMBLE QUE JE VOIS LE BON DIEU!

Deux jours plus tard, Juliette l'y rejoint, avec sa précieuse malle. Elle n'aura pas la joie d'y partager, ne fût-ce qu'une semaine, sa chambre : soucieux des convenances et se sentant surveillé par la police belge, l'illustre proscrit préfèrera deux logis séparés. En attendant l'arrivée d'Adèle et des enfants, il trouve à louer un bel appartement sur la Grand-Place, qu'il commence à aménager. Une fois de plus, Juliette s'efface.

« *Ne te préoccupe pas de moi, mon pauvre bien-aimé, car je ne t'aime jamais mieux et avec plus de sécurité que lorsque je te sais occupé de tes devoirs de famille et du soin d'assurer la tranquillité et le bonheur de ta femme et de tes enfants,* lui écrit-elle le 17 décembre de Bruxelles. *Consacre-toi tout entier à ta courageuse et digne femme tout le temps de son séjour ici. Ne lui épargne aucune des distractions qui peuvent la reposer des cruelles épreuves qu'elle vient de supporter. Fais de ma résignation et de mon courage, de ma délicatesse et de mon dévouement une sorte de litière douce et molle qui lui adoucisse les aspérités du chemin...* » (*Juliette Drouet,* lettres à Victor Hugo, Fayard, 2001).

Faut-il voir dans ces propos une nuance d'ironie? À l'évidence. Juliette, qui soupçonne toujours Adèle de vouloir protéger Léonie, ne se prive pas de penser que la « *courageuse et digne femme* » n'a pas fait grand-chose, elle, pour sauver la vie de son mari.

Mais Victor sait ce qu'il lui doit. En guise de vœux, le 31 décembre, il fait parvenir à Juliette cette lettre de reconnaissance et d'amour qu'elle gardera sur elle comme un viatique : « *Je suis proscrit, banni, exilé, séparé des miens, pauvre, errant, frappé dans ma vie matérielle et publique, frappé dans ma famille, frappé au cœur, et pourtant, quand je me tourne vers toi, il me semble que je vois le bon Dieu qui sourit.*

Tu as été admirable, ma Juliette, dans ces sombres et rudes journées. Si j'avais eu besoin de courage, tu m'en aurais donné. Mais j'avais besoin d'amour et, sois bénie, tu m'en apportais! »

Juliette est-elle enfin débarrassée de sa plus redoutable concurrente? Oui – du moins ne possède-t-on aucune preuve que le poète ait revu sa « jeune maîtresse » Léonie avant la mort de celle-ci à Paris en 1879, à l'âge de 59 ans. Sous la pression des circonstances et bouleversé par le dévouement de « la vieille maîtresse » qu'il n'appelle plus que « mon ange »,

Hugo semble s'être enfin résolu à ce qui paraissait être pour lui une véritable amputation.

À son épouse Adèle, qui le prie d'éloigner « cette personne » (Juliette) afin de préserver, dans la capitale belge, sa réputation et celle de sa famille, il répond sans détour (le 24 janvier 1852) : *« Elle m'a sauvé la vie. Vous saurez tout cela plus tard : sans elle, j'étais pris et perdu au plus fort des journées. C'est un dévouement absolu, complet de vingt ans, qui ne s'est jamais démenti. De plus, abnégation profonde et résignation à tout. Sans cette personne, je te le dis comme je le dirais à Dieu, je serais mort ou déporté à l'heure qu'il est. »* (Victor Hugo, *Œuvres complètes*, Éditions Jean Massin, tome VIII).

Durant seize années d'exil, de Bruxelles à Jersey et de Jersey à Guernesey, les deux femmes vont vivre dans des maisons voisines – l'une, grande, l'autre petite. Adèle va devoir apprendre à supporter la présence discrète, respectueuse, aimante mais incroyablement tenace, de Juliette. Et même, à l'apprécier. Pour l'amour de Victor.

Hugo doit fuir Paris pour Bruxelles. Juliette l'y rejoindra deux jours plus tard.
Les Adieux par James Jacques Tissot, 1871.

Adèle la « sainte femme » et Juliette la mendiante

Le Tricheur à l'as de carreau (détail) par Georges de La Tour, 1635-1640.

« AIMONS-NOUS D'UN AMOUR DE PLUS EN PLUS DIVIN »*

Le 5 août 1852, Victor Hugo et son fils Charles débarquent à Saint-Hélier – capitale, blottie au pied d'un imposant château fort, de l'île anglo-normande de Jersey. Avant de quitter le Royaume de Belgique, ils ont participé à deux derniers « banquets des proscrits » à Bruxelles, puis à Anvers, où Victor Hugo a retrouvé son cher Alexandre Dumas. Devant ses compagnons, l'ex-pair de France a clamé une dernière fois sa révolte *« J'ai été exilé de France pour avoir combattu le guet-apens de décembre et m'être colleté avec la trahison. Je suis exilé de Belgique pour avoir fait* Napoléon le petit. *Je suis banni deux fois ! M. Bonaparte m'a traqué à Paris, il me traque à Bruxelles ! »*

Hugo marche à pas lents, contemplant le petit port, les maisons grises, la mer ourlée d'écume. Combien de temps vont-ils vivre ici ?

Portrait de Victor Hugo par Paul Gavarni.

*Victor Hugo *Lettre à Juliette Drouet,* 31 décembre 1858.

Comment imaginerait-il qu'ils vont séjourner près de deux ans à Jersey, puis quinze années dans l'île de Guernesey ? Au débarcadère, l'attendent les deux Adèle : sa femme et leur fille aînée de 28 ans, si fragile, sensible et dépressive. Derrière les deux hommes, à distance respectueuse, marchent une femme lasse à la silhouette enveloppée, au visage à demi dissimulé sous une sorte de coiffe, Juliette, suivie de sa servante sans âge, Suzanne, chargée des bagages – oui, la même Suzanne qu'on se souvient d'avoir vue, un soir de coup d'État de décembre 1851 à Paris, porter la malle de documents et manuscrits jusqu'au fiacre et baiser

alors, avec adoration, la main du grand homme.

Juliette, épuisée par la traversée, est soulagée d'apprendre que Victor lui a retenu une chambre à l'hôtel du Commerce. Le lendemain, partant sur ses pas à la recherche d'un petit appartement à louer, elle découvrira les cottages anglais et leurs jardins fleuris pleins de fantaisie, ce qui ne l'empêchera pas de juger les habitants de l'île assez sales et peu gracieux.

Elle est pourtant soulagée d'être loin de la France – loin de Léonie qui a bien failli, elle en est sûre, débarquer par surprise à Bruxelles. Mais elle se sent infiniment triste d'être, une fois de plus, consignée à domicile avec la recommandation de *« ne pas trop se montrer »* pour ne pas faire jaser. Elle n'a même plus, comme à Bruxelles, l'humble plaisir de raccommoder les chemises de celui qu'on hésite à appeler encore son *« amant »* ! Lui restent le spectacle des goélands qui tournoient en criant au-dessus de la mer et des nuages qui fuient dans le ciel, les pages d'écriture quotidienne pour transcrire, à la demande de Victor, ses souvenirs des journées historiques vécues ensemble à Paris. Et les lettres. Chaque jour au réveil, et parfois aussi à la tombée de la nuit, elle en fait porter une par Suzanne. On y perçoit son amertume et son sentiment d'humiliation, qui ont explosé la veille du départ, quand Victor lui a prescrit de ne la suivre qu'à distance : *« Il est tout simple que je me sacrifie aux préjugés et que je respecte la présence de tes fils dans cet incognito douloureux,* écrivait-elle le 18 juillet 1852 de Bruxelles. *Mais il y a quelque chose de cruellement injuste et d'affreusement dérisoire pour moi à penser que ce sacrifice, ce respect qu'on impose à mon dévouement, à ma fidélité, à mon amour, on n'y songeait pas quand il s'agissait d'une autre femme* (Léonie d'Aunet) *dont la vertu consistait à n'en avoir aucune. Pour celle-là, le foyer de la famille était hospitalier;*

Victor Hugo à « Hauteville House », à Guernesey.

pour celle-là, la courtoisie protectrice et déférencieuse des fils était un devoir; pour celle-là, la femme légitime lui faisait un manteau de sa considération et l'acceptait comme une amie, comme une sœur et plus encore. Pour celle-là, l'indulgence, la sympathie, l'affection. Pour moi, l'application rigoureuse et sans pitié de toutes les peines contenues dans le code des préjugés, de l'hypocrisie et de l'immoralité. Honneur aux vices éhontés des femmes du monde, infamie sur les pauvres créatures coupables des crimes d'honnêteté, de dévouement et d'amour... »

« VOTRE GRAND UNIFORME D'ADAM »

Juliette range-t-elle Adèle parmi les « *femmes du monde aux vices éhontés* » ? Bien qu'ayant connu Victor si affecté par la trahison de son épouse avec Sainte-Beuve, jamais elle n'osera le dire. Elle sait qu'alors, Hugo le père de famille « périssime » serait tenté de la quitter. Pendant douze longues années, la « pauvre créature » attendra donc humblement un geste, une aumône de l'épouse légitime... Pendant ces douze années qui les séparent de la mort d'Adèle, Juliette ne va cesser de manifester, chaque matin, à son « adoré Toto », sa peine ou sa joie, et toujours, son désir ardent, douloureux, d'être « baisée », comme au temps béni où ils faisaient l'amour chaque nuit.

24 novembre 1854. « *Et toujours de la pluie... Si j'avais été seule avec vous, mon cher petit dégouttant, je vous aurais épongé de mes baisers et je vous aurais séché tout vif au feu de mon cœur...* »

12 février 1861 : « *J'aperçois toutes vos nudités à travers vos fenêtres et ma pudeur ne se révolte pas.* » De sa nouvelle petite maison, en contrebas de « Hauteville House », la demeure des Hugo, Juliette, en mettant le nez à la fenêtre,

Victor Hugo avec ses petits-enfants Georges et Jeanne, 1881.

peut en effet apercevoir la véranda de la salle de bains de Victor. Et lui, impudique, se prête au jeu. Au réveil, il accroche un drapeau blanc à la croisée. Puis, il vaque, nu, à sa toilette. « *Je viens de vous saluer dans votre grand uniforme d'Adam,* commente-t-elle, *et je dois avouer que cette tenue vous va fort bien.* »

La réciproque n'est pas vraie. Où est le temps où l'infatigable amant lui parlait de son corps ? Désormais, Victor n'évoque plus, dans ses lettres rituelles pour la fête de Juliette en mai et le passage de l'année, en décembre, que le ciel et ces « *chères âmes absentes là-haut* », ces « *doux anges* » (Léopoldine et Claire, décédées la première en 1843, la seconde en 1846) qui les protègent. S'il n'ajoutait « *Je t'aime* », on croirait lire des prêches plutôt que des lettres d'amour.

31 décembre 1857 : « *Une année de plus pour des cœurs qui s'aiment comme les nôtres, c'est un tour de plus à la chère et douce chaîne qui nous lie.* »

31 décembre 1862 : « *Ainsi nous allons avoir 30 ans... Ma bien-aimée, ma douce âme, sois bénie ! Que Dieu me pardonne mes fautes et nous unisse à jamais. Qu'il fasse des années qui nous restent un seul chiffre et qu'il nous le partage par moitié, de sorte que nous ayons ensemble notre dernier souffle sur la terre et notre premier regard dans le ciel. Mourir et revivre à la même heure ! Tel est mon vœu. Je le recommande à nos anges.* »

21 mai 1870 : « *La vie ensemble, la mort ensemble, l'éternité ensemble, demandons cela à l'infini et mettons nos âmes, toutes les âmes que nous aimons, comme une couvée d'oiseaux, sous les grandes ailes de Dieu.* »

Il a 68 ans, porte désormais une barbe blanche et vient de découvrir, avec la naissance d'un petit Georges et d'une petite Alice, les premiers-nés de Charles, le bonheur d'être grand-père. Victor Hugo se serait-il « assagi » ? Ne songerait-il plus qu'à la postérité ? Ou bien la quasi obsession qu'il a de réveiller la conscience des Français pour chasser Napoléon III du trône l'aurait-elle dévoré tout entier ? On reste impressionné, à la lecture des écrits de Jersey et Guernesey, par l'indignation qui le retourne la nuit et le fait rugir le jour. Il ne lui suffit pas d'avoir, le 31 octobre 1852, rédigé et affiché cette « Déclaration des proscrits républicains » qui a amené les représentants de Sa Majesté la reine d'Angleterre à le chasser de Jersey vers

Le Château au clair de lune, par Victor Hugo.

Guernesey : « *Amis et Frères ! En présence de ce gouvernement infâme, négation de toute morale, obstacle à tout progrès social, en présence de ce gouvernement assassin du peuple, assassin de la République et violateur des lois... en présence de M. Bonaparte et de son gouvernement, le citoyen digne de ce nom n'a qu'une chose à faire : charger son fusil et attendre l'heure.* » Dans un recueil de poèmes vengeurs, *les Châtiments,* que Juliette recopie avec son zèle habituel, Hugo accable l'Empereur : tantôt « *Napoléon le petit* » n'est qu'un singe déguisé en tigre, tantôt – « *O drapeau de Wagram ! O pays de Voltaire !* » – il abaisse tout ce qui a fait la gloire du siècle des Lumières et du grand Napoléon.

Comme pour lui cracher à la figure, l'exilé va jusqu'à tutoyer et insulter ce Bonaparte qui

restera sur le trône pas moins de dix-neuf ans : *« Te voilà, nain immonde, accroupi sur ce nom ! Cette gloire est ton trou, ta bauge, ta demeure ! »* (Victor Hugo, *les Châtiments*, livre VI, Jersey, 1852, Collection la Pleïade, Gallimard, 1967).

Croit-on que cela l'empêche de s'initier au spiritisme en passant des soirées à faire tourner les tables ? De monter à cheval, de se baigner dans l'eau froide, de manger avec appétit, de se laisser courtiser par des comtesses ou des bourgeoises qui tentent de copier les salons parisiens et de conter fleurette à de jeunes servantes ? Afin de seconder sa vieille Suzanne, Juliette fait venir une jeune Bretonne, vigoureuse et rosissante. Bientôt, il faudra la renvoyer en France, de peur qu'elle ne tombe enceinte. Mais cela n'empêchera pas l'infatigable Don Juan d'en séduire de nouvelles. Quelques années plus tard, à Paris, il retrouvera l'une d'elles, Blanche, connue adolescente. C'est sa forme de fidélité. Aux femmes. Et à lui-même.

« TROUVEZ BON QUE JE RESTE DANS L'OMBRE »

Amère consolation pour Juliette, Adèle est là, qui veille. L'épouse infidèle a rompu avec Sainte-Beuve en 1837. Après sept années de liaison qui ont engendré une haine tenace entre les deux anciens amis, Adèle, épaissie, a perdu sa grâce. Ses traits sont devenus autoritaires. Il est bien loin, le temps où son mari chantait ses épaules blanches et sa bouche rouge comme une cerise et lui écrivait : *« Je suis capable de tout, excepté de cesser de t'aimer. Comment ne t'aimerais-je pas, pauvre ange, toi qui es si bonne, si douce, si excellente pour moi, si gracieuse et si belle ! »* C'est une « dame » imposante, nantie de plusieurs domestiques, et régnant sur une grande maison, un riche

Photographie de Victor Hugo en exil à Guernesey en 1866 avec, à sa droite, Juliette Drouet.

et abondant mobilier, une jolie fortune dont elle a assuré le transfert en Belgique puis en Angleterre... et un mari célèbre dans toute l'Europe! Une dame assez disgrâcieuse mais vêtue avec une certaine recherche, que Juliette admire et envie quand elle la voit passer non loin de ses fenêtres : « *Voici ta femme en grande toilette qui va avec Vacquerie au-devant de toi, probablement. Je compare cette splendeur d'uniforme avec ma livrée de souillon et l'avantage n'est pas pour moi, hélas!* » L'épouse du grand homme n'entend pas seulement tenir son rang. Elle consacre une grande partie de son temps à façonner, pour la postérité, la statue de Victor le grand : en écrivant, en partie sous la dictée de l'intéressé, un « *Victor Hugo raconté par un témoin de sa vie* ». Adèle, du même coup, retouche sa propre statue. Elle se veut désormais exemplaire pour ses enfants et petits-enfants et très soucieuse du « *qu'en-dira-t-on* » dans la petite île anglo-normande d'où les cancans s'envolent à tire d'ailes vers la France. Cependant, Madame Hugo s'ennuie fort au grand air de Guernesey. Le 4 février 1859, elle embarque pour la France, en annonçant à son mari qu'elle restera six semaines à Paris.

Six semaines de liberté! Juliette rêve. Comme il l'avait fait place Royale au début de leur amour, Victor est tout fier de lui faire visiter sa demeure, de lui montrer sa chambre et son bureau. Il lui offre l'encrier dans lequel il a trempé sa plume pour écrire *Napoléon le petit*. Mais chacun sa place et son rang. Madame Hugo absente, M. Hugo ne se montrera pas davantage en ville avec son humble servante. Juliette devra attendre mai 1861 pour que son « Toto » l'emmène en voyage quelques semaines en Belgique – voyage achevé en beauté par la visite du champ de bataille de Waterloo, qu'il décrira dans *les Misérables*, en hommage à l'« *un de ces génies d'où sort le tonnerre* ».

Portrait d'Adèle, la fille de Hugo qui perdra la raison..

Sarah Bernhardt jouant la reine dans *Ruy Blas* de Victor Hugo.

Juliette a vieilli, mais est toujours aussi amoureuse de son « Toto ».

L'année d'après, ils retournent à Bruxelles, cette fois pour le lancement de la saga qui a demandé à Hugo plus de douze ans de travail. Pour honorer leur célèbre auteur, ses éditeurs belges organisent un énorme banquet. Juliette y assiste – non, bien sûr, à la table officielle, mais dans un coin. Elle est habituée. À leur retour à Guernesey, elle note avec joie que les relations avec les hôtes de « Hauteville House » se détendent.

Accompagnés par le patriarche, les fils Hugo viennent se présenter à la « vieille maîtresse ». Juliette, heureuse, les invite à déjeuner – asperges, rôti, fraises et crème fraîche. Peu de temps après, Adèle lui fait parvenir un fromage. Juliette remercie en lui faisant porter un gâteau que sa servante vient de faire cuire. Mais pourquoi faut-il que les attentions des nantis envers leurs pauvres soient si souvent empreintes de condescendance ? Et comment l'auteur des *Misérables* n'a-t-il pas senti combien sa femme pouvait l'être, blessante, dans son rôle de « dame de bonnes œuvres » ?

À la fin de l'année 1864, après avoir adressé à Juliette un exemplaire dédicacé de son *Victor Hugo raconté par les siens,* Adèle la convie à partager en famille le repas que Victor et elle organisent chaque année pour le Noël des enfants pauvres. Juliette réagit en grande dame. « *Vous connaissez mes habitudes solitaires et ne m'en voudrez pas si je me contente aujourd'hui, pour tout bonheur, de votre lettre* [...] *Trouvez bon que je reste dans l'ombre pour vous bénir tous pendant que vous faites le bien.* »

FUNÉRAILLES ET NOCES D'OR

Mais le malheur frappe la « chère famille ». Adèle, la seconde fille, née après Léopoldine, perd la raison : ramenée de La Barbade où

Portrait de Gavroche par Victor Hugo.

elle voulait rejoindre un jeune officier dont elle était tombée folle amoureuse, elle doit être placée dans une maison de santé. François-Victor, le fils cadet, voit mourir sa fiancée. Quant à Charles, heureux père d'un petit Georges, il doit enterrer l'enfant, foudroyé par une méningite, quatre mois après son baptême.

La nouvelle parvient à Victor le 14 avril 1868, alors qu'il s'inquiète pour la santé de sa femme : épuisée, Adèle est alitée et méconnaissable au point d'accepter que Juliette vienne lui faire la lecture. Elle meurt le 27 août 1868 d'une attaque d'apoplexie.

Le 28, alors que Victor Hugo, vêtu de l'habit noir qu'il ne quittera plus, accompagne le cercueil jusqu'à la frontière française (Adèle Hugo sera enterrée à Villequier auprès de sa fille Léopoldine) Juliette lui écrit : « *Désormais, c'est à ce doux et glorieux témoin de ta vie en ce monde et maintenant ta radieuse protectrice auprès de Dieu que je demanderai pour toi la paix et le bonheur dont il a besoin pour achever les grands travaux humanitaires auxquels tu t'es dévoué. Que Dieu la bénisse et te bénisse comme je la bénis et te bénis.*

Plus je pense au triste voyage de ce soir plus je sens que je dois m'abstenir d'en faire partie. L'hommage pieux de mon cœur auprès de cette grande et généreuse femme ne doit pas s'exposer à être mal interprété par des indifférents ou des malveillants. »

JULIETTE LA RÉSIGNÉE

Une fois de plus, pourtant, elle ne peut s'empêcher d'espérer : « *Encore ce dernier sacrifice à la malignité humaine pour avoir le droit de nous aimer ensuite à ciel ouvert, n'est-ce pas, mon bien-aimé ?* »

N'est-il pas libre, maintenant, de vivre dans la même maison qu'elle, sinon de l'épouser ? N'a-t-il pas besoin d'elle pour veiller sur lui à chaque heure du jour et de la nuit ?

Juliette va croire son rêve presque réalisé le 29 avril 1874. Ce jour-là, enfin de retour à Paris sous les acclamations, le « grand républicain » s'installe dans un grand appartement rue de Clichy et lui offre de l'y rejoindre.

Entre-temps, le vent de l'Histoire a chassé Napoléon III, défait par les Prusses le 2 septembre 1870 à Sedan. La République a été rétablie. Une nouvelle insurrection à la fois sociale et patriotique, la Commune, a éclaté à Paris, réprimée aussitôt avec férocité par le gouvernement d'Adolphe Thiers. Puis, le calme est revenu. On va jouer la centième représentation de *Ruy Blas*. En cet honneur, Victor emmène Juliette au grand magasin du Louvre pour lui acheter une robe. Mais il est écrit que le bonheur de Juliette lui sera toujours mesuré : Alice, la femme de Charles, mère des deux petits-enfants Hugo, ayant exigé de s'installer au même étage que le patriarche, la « vieille maîtresse » doit se contenter de l'étage inférieur. Elle y reçoit à dîner, en parfaite maîtresse de maison, écrivains, hommes politiques, courtisans – et courtisanes – de son grand Victor. Elle est épuisée. Tenaillée par des maux d'estomac et des vomissements, elle s'amaigrit de mois en mois. Mais toujours en éveil, elle surveille Victor. Elle l'imagine chaque jour dans les bras de l'une de ces jeunes femmes qui lui font parvenir des livres, des invitations… et des mots d'amour.

En juin 1878, en sortant de chez l'une d'entre elles, Victor a la parole qui s'embrouille, un bras à demi paralysé. Juliette le met au lit et appelle les médecins. Avant de les introduire dans la chambre, elle leur fait cette confidence : le grand homme se laisse aller à des « excès »... Après avoir examiné le patient et conclu à une attaque, les médecins se penchent à l'oreille de Victor Hugo : à son âge – 76 ans – certaines « activités » devraient être évitées. Stupéfait, il se redresse alors sur ses oreillers : *« Mais, docteur, reconnaissez que la nature devrait avertir! »* (Alain Decaux)

Seule la mort de Juliette le changera.

Elle emporte la malade le 11 mai 1883, alors qu'elle vient d'avoir 77 ans. Quelques semaines avant, les vieux amoureux ont célébré leurs noces d'or. Victor a offert à Juliette une photo de lui avec cette dédicace : *« Cinquante ans d'amour, c'est le plus beau mariage. »*

Ma Destinée
par Victor Hugo, 1857.

BIBLIOGRAPHIE

Ouvrages de Victor Hugo

Choses vues (1830- 1846 et 1847-1848), Gallimard, Collection Folio, Édition d'Hubert Juin, 1972.
Ecrits politiques (1832 1883), Le livre de Poche, 2001
Œuvres poétiques, Gallimard, Bibliothèque de La Pléiade 1964- 1967
Théâtre, Gallimard, Bibliothèque de la Pléiade,1963
Les Misérables, Gallimard, Bibliothèque de la Pléiade, 1951
Lettres à Juliette Drouet (1833-1883) Fayard, 1964,1985 et 2001

Ouvrages de Juliette Drouet

Lettres à Victor Hugo (1833-1882), Fayard, 1985 et 2001
Lettres inédites de Juliette Drouet à Victor Hugo,
Publications des Universités de Rouen et du Havre, 2012
Souvenirs (1843-1854), Des femmes, Antoinette Fouque, 2006

Ouvrages sur Victor Hugo

Alain Decaux, ***Victor Hugo***, Perrin, 2001
Henri Guillemin, ***Victor Hugo par lui-même***, Seuil,
collection « Écrivains de toujours », 1959
Suzanne Julliard, ***Anthologie de la poésie française***, Éditions de Fallois, 2002
Suzanne Julliard, ***Anthologie de la prose française***, Éditions de Fallois, 2005
Jean-François Kahn, ***Victor Hugo, un révolutionnaire***, Fayard, 2001
Eros Hugo, (ouvrage collectif) Maison de Victor Hugo, Paris musées, 2016

Ouvrages sur Juliette Drouet

Henri Troyat, ***Juliette Drouet***, Flammarion, 1997

CRÉDITS PHOTOS

Bridgeman Images
page 10
page 21
page 26
page 28
page 30
page 33
page 37
page 41
page 44
page 46
pages 48, 49
page 52
page 55
page 56
page 60
pages 62, 63, 64
page 67
page 69
page 70
page 71
page 75
page 80
page 83
pages 86, 87
pages 89, 90
page 93
page 95
pages 98, 99
page 101
page 103
page 104
page 107
page 111
page 112
page 114
page 116
page 119
page 121
page 126
page 127
page 129
page 131

LEEMAGE
page 6
page 9
pages 15, 16
page 19
page 25
page 34
page 38
page 72
page 78
page 122
page 125

Roger Viollet
page 14
page 77

Laurent Paturaud
page 51

DR
page 13
page 14
page 96

Maison de Victor Hugo
page 59

ÉDITIONS RABELAIS
11, rue Rabelais, 92170 Vanves – contact@editionsrabelais
site Internet : www.editionsrabelais.com

Directrice artistique : Florence Binoche-Giboreau

Conception et réalisation : Presse & Graphic
presse.graphic@gmail.com

ISBN 978-2-37569-001-7
Numéro d'édition : 12016

Dépôt légal, mai 2016
Imprimé en République tchèque, mai 2016